U0909034

民族地区高校贫困生心理育人研究

丁湘梅　邹维兴　樊春俊◎著

图书在版编目(CIP)数据

民族地区高校贫困生心理育人研究 / 丁湘梅，邹维兴，樊春俊著. —北京：清华大学出版社，2021.12

ISBN 978-7-302-59883-1

Ⅰ. ①民… Ⅱ. ①丁… ②邹… ③樊… Ⅲ. ①民族地区－大学生－特困生－心理健康－健康教育－研究－中国 Ⅳ. ①G444

中国版本图书馆CIP数据核字(2021)第278306号

责任编辑：王燊娉
封面设计：赵晋锋
版式设计：方加青
责任校对：成凤进
责任印制：朱雨萌

出版发行：清华大学出版社
网　　址：http://www.tup.com.cn，http://www.wqbook.com
地　　址：北京清华大学学研大厦 A 座　　邮　　编：100084
社 总 机：010-83470000　　邮　　购：010-62786544
投稿与读者服务：010-62776969，c-service@tup.tsinghua.edu.cn
质 量 反 馈：010-62772015，zhiliang@tup.tsinghua.edu.cn
印 装 者：三河市东方印刷有限公司
经　　销：全国新华书店
开　　本：170mm×240mm　　印　　张：12.75　　字　　数：208 千字
版　　次：2022 年 2 月第 1 版　　印　　次：2022 年 2 月第 1 次印刷
定　　价：98.00 元

产品编号：094233-01

贵州省教育厅高等学校人文社会科学研究项目“贵州少数民族地区贫困大学生社会心理问题与教育对策研究”(项目编号：13ZC197)研究成果。

前　言

随着我国整体经济的发展、科技的进步和国家在教育政策上对少数民族地区的扶持，少数民族大学生人数逐年增加，我国少数民族地区高校贫困大学生成为当前高校在校大学生中一个特殊的群体。由于区域经济发展的不平衡不充分、民族文化的多样性和思想状态及行为方式的差异，民族地区高校贫困大学生存在着更为敏感和多元的心理状况，以致影响其学习效率，不利于维系积极向上的风貌，使学生正常的发展受到一定影响，也对营造积极向上的良好学习氛围、构建和谐校园形成了一定影响。本书对国内少数民族贫困大学生心理状况方面的相关研究进行了详细的梳理，在对以往少数民族贫困大学生心理状况研究的文献进行回顾和梳理后得到当前的研究，主要涉及少数民族贫困大学生的心理健康状况、社会支持、人格特质、自卑心理、应对方式、应激生活事件、适应性与自我和谐等多个方面，并提出后续研究应扩大研究内容，从积极心理学和民族心理学的视野探讨，且应将研究成果应用到教育实践领域等方面。

本书在民族地区高校贫困大学生心理特征影响因素与机制和心理育人路径措施探究上取得了丰硕的研究成果，从思想政治教育“十大育人体系”和积极心理的视角构建全面系统的心理育人路径与对策，完全契合习近平总书记提出的“精准识别、精准帮扶、精准管理”的扶贫理念，为当前民族地区高等学校贫困生帮扶工作提供了新的视角，有助于更好地发挥教育扶贫战略的作用，巩固和拓展脱贫攻坚成果，有效防范化解返贫风险，推动乡村振兴发展。

本书基于大样本问卷调查的数据资料，对民族地区高校贫困大学生的心理特征进行跨学科的精准分析，将实证调查、大数据分析和科学理论运用相结合，在民族地区贫困大学生心理特征影响因素与机制上取得了丰硕的研究成果。其一，通过对贵州省3个少数民族地区所在高校的626名有效大学生被试在核心自我评价、心理压力感、社会支持、心理健康等方面的实证调查结果得到：少数民族贫困大学生心理健康处于中等水平、心理压力较低、核心自我评价中等偏上、社会支持较好；核心自我评价、心理健康受到性别和是否为少数民族的影响，但不受生源地、年级、专业类型、家庭人口数量、在读学历层次等人口学变量的影响；社会支持受到不同年级的影响，但其他方面影响较小；是否为少数民族、年级、家庭人口数量对少数民族地区贫困大学生的心理压力存在显著影响，而其他方面影响较小。其二，通过具体的影响机制分析模型得到：核心自我评价在社会支持与心理健康间存在显著的中介效应；核心自我评价在社会支持与心理压力间存在显著的中介效应；心理压力在社会支持与心理健康间存在显著的中介效应；心理压力在核心自我评价与心理健康间存在显著的中介效应；核心自我评价和心理压力在社会支持与心理健康间起显著的链式中介作用。

本书从贫困大学生心理特点出发，通过从“十大育人体系”和积极心理学视角两个维度创新性地探讨了民族地区高校贫困生心理育人路径。首先，从科学把握贫困大学生思想政治教育工作的重要意义、准确把握贫困大学生思想政治教育的重点内容、充分认识民族地区贫困大学生思想政治教育对心理健康发展的重要性3个方面重点讨论了少数民族地区贫困大学生思想政治教育工作与心理健康教育工作的重要性。其次，构建了基于“十大育人体系”的民族地区高校贫困生心理育人路径：构建“课程育人”体系，实现贫困大学生的积极教育；构建“科研育人”体系，加快贫困大学生心理脱贫路径研究；构建“实践育人”体系，实现“渗透式”心理素质教育；构建“文化育人”体系，展现积极心理健康教育理念的价值；构建“网络育人”体系，实现“点对点”的个性化针对性教育；构建“心健育人”体系，全面提升高校心理健康教育质量；构建“管理育人”体系，建立贫困生翔实的心理档案；构建“服务育人”体系，加强就业创业心理辅导；构建“资助育人”体系，营造社会支持与帮扶的关怀性取向；构建“组织育人”体系，加快贫困大学生融入集体。最后，创新性地提出了基于积极心理学视角的贫困大学生积极心理育人路径，包括引导和培养贫困大学生形成积极心理认知图式、增进贫困大学生积极的情绪情感体验、帮助贫困大学生塑造积极良好人格与积极心理特质、引导贫困大学生构建积极的社会支持体系和人际关系等几个方面。

本书选取的调查研究范围具有很强的代表性，贵州省黔西南布依族苗族自治州、黔南布依族苗族自治州、黔东南苗族侗族自治州是贵州省3个民族自治地区，少数民族人口分别占当地总人口的21.39%、67.08%、80.19%，脱贫攻坚战初期贫困人口占贵州省总贫困人口的37.7%，36个县(市)中国家贫困县为27个，占比75%。加强民族地区高校贫困大学生心理育人的研究有利于高校培养出更多的少数民族优秀人才，有利于少数民族的全面发展和中华民族的稳定发展，牢筑中华民族共同体的思想基础，促进民族团结。对民族地区高校贫困大学生的心理发展特征进行跨学科的精准分析，可以为当前高校开展大学生资助工作提供借鉴价值和实践操作方法。

同时，本书通过实证研究的方法，在大量实证数据调查的结果之上扩充了贵州少数民族地区高校贫困大学生社会心理状况的相关研究领域，详细明确了少数民族地区高校贫困大学生社会心理状况的具体表现特点，结构清晰、内容全面、题材丰富、构思巧妙，并通过深层次统计研究方法创新性探究明晰了社会支持、核心自我评价等积极心理变量对贫困大学生心理健康状况的具体影响机制及微观路径，阐明该领域研究的重要性与必要性，为今后少数民族地区高校贫困大学生德育工作的开展提供了理论和实践依据，对高校进一步完善贫困大学生心理育人，加快构建贫困大学生思想政治工作体系，推进高校内涵式发展具有指导价值。

作　者

2021年9月

目　录

第一章　少数民族贫困大学生心理状况研究述评……1
一、研究背景……2
二、研究概况……3
(一) 少数民族贫困大学生的心理健康现状特点……3
(二) 少数民族贫困大学生个性心理现状及其与心理健康的关系……5
(三) 少数民族贫困大学生社会适应心理现状及其与心理健康的关系……6
三、研究不足与展望……9
(一) 过度关注心理健康研究，研究内容与方法单一……9
(二) 要从积极心理学视角关注少数民族贫困大学生心理……10
(三) 要从民族心理学视角关注少数民族贫困大学生心理……11
(四) 根据调研成果系统研究少数民族贫困大学生的物质与心理扶持机制……11

第二章　研究方法……13
一、研究对象……14
二、调研工具……15
(一) 大学生心理压力感量表……15
(二) 核心自我评价量表……15
(三) 社会支持评定量表……16
(四) 自测健康评定量表……16
三、数据处理与分析方法……16

第三章　民族地区高校贫困生核心自我评价现状调查研究……17
一、贫困大学生核心自我评价总体状况调查分析……18
二、贫困大学生核心自我评价的人口学变量影响调查分析……19

(一) 性别对贫困大学生核心自我评价的影响分析 …… 19
(二) 是否为少数民族对贫困大学生核心自我评价的影响分析 …… 19
(三) 生源地类型对贫困大学生核心自我评价的影响分析 …… 20
(四) 年级对贫困大学生核心自我评价的影响分析 …… 20
(五) 专业类型对贫困大学生核心自我评价的影响分析 …… 21
(六) 家庭人口数量对贫困大学生核心自我评价的影响分析 …… 21
(七) 在读学历层次对贫困大学生核心自我评价的影响分析 …… 23

第四章　民族地区高校贫困生心理健康现状调查研究 …… 25
一、贫困大学生心理健康总体状况调查分析 …… 26
二、贫困大学生心理健康的人口学变量影响调查分析 …… 27
(一) 性别对贫困大学生心理健康的影响分析 …… 27
(二) 是否为少数民族对贫困大学生心理健康的影响分析 …… 27
(三) 生源地类型对贫困大学生心理健康的影响分析 …… 27
(四) 年级对贫困大学生心理健康的影响分析 …… 28
(五) 专业类型对贫困大学生心理健康的影响分析 …… 29
(六) 家庭人口数量对贫困大学生心理健康的影响分析 …… 29
(七) 在读学历层次对贫困大学生心理健康的影响分析 …… 31

第五章　民族地区高校贫困生心理压力现状调查研究 …… 33
一、贫困大学生心理压力总体状况调查分析 …… 34
二、贫困大学生心理压力的人口学变量影响调查分析 …… 36
(一) 性别对贫困大学生心理压力的影响分析 …… 36
(二) 是否为少数民族对贫困大学生心理压力的影响分析 …… 37
(三) 生源地类型对贫困大学生心理压力的影响分析 …… 38
(四) 年级对贫困大学生心理压力的影响分析 …… 39
(五) 专业类型对贫困大学生心理压力的影响分析 …… 43
(六) 家庭人口数量对贫困大学生心理压力的影响分析 …… 44
(七) 在读学历层次对贫困大学生心理压力的影响分析 …… 49

第六章　民族地区高校贫困生社会支持现状调查研究 …… 51
一、贫困大学生社会支持总体状况调查分析 …… 52
二、贫困大学生社会支持中主观支持的人口学变量影响调查分析 …… 53

(一) 性别对贫困大学生社会支持中主观支持的影响分析 …… 53
(二) 是否为少数民族对贫困大学生社会支持中主观支持的影响分析 …… 53
(三) 生源地类型对贫困大学生社会支持中主观支持的影响分析 …… 53
(四) 年级对贫困大学生社会支持中主观支持的影响分析 …… 54
(五) 专业类型对贫困大学生社会支持中主观支持的影响分析 …… 55
(六) 家庭人口数量对贫困大学生社会支持中主观支持的影响分析 …… 56
(七) 在读学历层次对贫困大学生社会支持中主观支持的影响分析 …… 57
三、贫困大学生社会支持中客观支持的人口学变量影响调查分析 …… 57
(一) 性别对贫困大学生社会支持中客观支持的影响分析 …… 57
(二) 是否为少数民族对贫困大学生社会支持中客观支持的影响分析 …… 57
(三) 生源地类型对贫困大学生社会支持中客观支持的影响分析 …… 58
(四) 年级对贫困大学生社会支持中客观支持的影响分析 …… 58
(五) 专业类型对贫困大学生社会支持中客观支持的影响分析 …… 59
(六) 家庭人口数量对贫困大学生社会支持中客观支持的影响分析 …… 60
(七) 在读学历层次对贫困大学生社会支持中客观支持的影响分析 …… 61
四、贫困大学生社会支持中支持利用度的人口学变量影响调查分析 …… 61
(一) 性别对贫困大学生社会支持中支持利用度的影响分析 …… 61
(二) 是否为少数民族对贫困大学生社会支持中支持利用度的影响分析 …… 61
(三) 生源地类型对贫困大学生社会支持中支持利用度的影响分析 …… 62
(四) 年级对贫困大学生社会支持中支持利用度的影响分析 …… 62
(五) 专业类型对贫困大学生社会支持中支持利用度的影响分析 …… 64
(六) 家庭人口数量对贫困大学生社会支持中支持利用度的影响分析 …… 64
(七) 在读学历层次对贫困大学生社会支持中支持利用度的影响分析 …… 65
五、贫困大学生社会支持总体的人口学变量影响调查分析 …… 66
(一) 性别对贫困大学生社会支持的影响分析 …… 66
(二) 是否为少数民族对贫困大学生社会支持的影响分析 …… 66
(三) 生源地类型对贫困大学生社会支持的影响分析 …… 66
(四) 年级对贫困大学生社会支持的影响分析 …… 67
(五) 专业类型对贫困大学生社会支持的影响分析 …… 68
(六) 家庭人口数量对贫困大学生社会支持的影响分析 …… 69
(七) 在读学历层次对贫困大学生社会支持的影响分析 …… 70

第七章　民族地区高校贫困生心理特点之间的关系调查研究……………………71
一、贫困大学生社会支持与核心自我评价关系的调查分析………………72
(一) 贫困大学生社会支持和核心自我评价的相关分析………………72
(二) 贫困大学生社会支持预测核心自我评价的多元线性回归分析………………72
(三) 贫困大学生社会支持总分预测核心自我评价的一元线性回归分析………………73
二、贫困大学生社会支持与心理健康关系的调查分析………………75
(一) 贫困大学生社会支持预测心理健康的相关分析………………75
(二) 贫困大学生社会支持预测心理健康的多元线性回归分析………………75
(三) 贫困大学生社会支持总分预测心理健康的一元线性回归分析………………76
三、贫困大学生社会支持与心理压力关系的调查分析………………77
(一) 贫困大学生社会支持与心理压力的相关分析………………77
(二) 贫困大学生社会支持预测家庭压力的回归分析………………78
(三) 贫困大学生社会支持预测健康压力的回归分析………………81
(四) 贫困大学生社会支持预测适应压力的回归分析………………83
(五) 贫困大学生社会支持预测恋爱压力的回归分析………………85
(六) 贫困大学生社会支持预测自卑压力的回归分析………………87
(七) 贫困大学生社会支持预测挫折压力的回归分析………………90
(八) 贫困大学生社会支持预测人际压力的回归分析………………92
(九) 贫困大学生社会支持预测择业压力的回归分析………………94
(十) 贫困大学生社会支持预测学校环境压力的回归分析………………96
(十一) 贫困大学生社会支持预测情绪压力的回归分析………………98
(十二) 贫困大学生社会支持预测学业压力的回归分析………………101
(十三) 贫困大学生社会支持预测心理压力总分的回归分析………………103
四、贫困大学生核心自我评价与心理健康关系的调查分析………………106
(一) 贫困大学生核心自我评价与心理健康的相关分析………………106
(二) 贫困大学生核心自我评价预测心理健康的一元线性回归分析………………106
五、贫困大学生核心自我评价与心理压力关系的调查分析………………108
(一) 贫困大学生核心自我评价与心理压力的相关分析………………108
(二) 贫困大学生核心自我评价预测家庭压力的一元线性回归分析………………109
(三) 贫困大学生核心自我评价预测健康压力的一元线性回归分析………………110
(四) 贫困大学生核心自我评价预测适应压力的一元线性回归分析………………112
(五) 贫困大学生核心自我评价预测恋爱压力的一元线性回归分析………………113

(六) 贫困大学生核心自我评价预测自卑压力的一元线性回归分析……115
(七) 贫困大学生核心自我评价预测挫折压力的一元线性回归分析……116
(八) 贫困大学生核心自我评价预测人际压力的一元线性回归分析……118
(九) 贫困大学生核心自我评价预测择业压力的一元线性回归分析……119
(十) 贫困大学生核心自我评价预测学校环境压力的一元线性回归分析……120
(十一) 贫困大学生核心自我评价预测情绪压力的一元线性回归分析……122
(十二) 贫困大学生核心自我评价预测学业压力的一元线性回归分析……123
(十三) 贫困大学生核心自我评价预测心理压力总分的一元线性回归分析……125
六、贫困大学生心理健康与心理压力关系的调查分析……126
(一) 贫困大学生心理健康与心理压力的相关分析……126
(二) 贫困大学生家庭压力预测心理健康的一元线性回归分析……127
(三) 贫困大学生健康压力预测心理健康的一元线性回归分析……128
(四) 贫困大学生适应压力预测心理健康的一元线性回归分析……130
(五) 贫困大学生恋爱压力预测心理健康的一元线性回归分析……131
(六) 贫困大学生自卑压力预测心理健康的一元线性回归分析……133
(七) 贫困大学生挫折压力预测心理健康的一元线性回归分析……134
(八) 贫困大学生人际压力预测心理健康的一元线性回归分析……136
(九) 贫困大学生择业压力预测心理健康的一元线性回归分析……137
(十) 贫困大学生学校环境压力预测心理健康的一元线性回归分析……139
(十一) 贫困大学生情绪压力预测心理健康的一元线性回归分析……140
(十二) 贫困大学生学业压力预测心理健康的一元线性回归分析……142
(十三) 贫困大学生心理压力总分预测心理健康的一元线性回归分析……143

第八章 民族地区高校贫困生社会心理状况的影响机制研究……145
一、贫困大学生社会支持与心理健康的关系：核心自我评价的中介效应检验……146
二、贫困大学生社会支持与心理压力的关系：核心自我评价的中介效应检验……148
三、贫困大学生社会支持与心理健康的关系：心理压力的中介效应检验……150
四、贫困大学生核心自我评价与心理健康的关系：心理压力的中介效应检验……151

五、社会支持对贫困大学生心理健康的影响：核心自我评价和心理压力的链式中介作用分析……153

第九章　民族地区高校贫困生心理育人路径研究……157
一、民族地区高校贫困生思想政治教育工作的重要性分析……158
(一) 科学把握贫困大学生思想政治工作的重要意义……158
(二) 准确把握贫困大学生思想政治教育的重点内容……159
(三) 充分认识民族地区贫困大学生思想政治教育对心理健康发展的重要性……159
二、基于“十大育人体系”的民族地区高校贫困生心理育人的路径研究……160
(一) 构建“课程育人”体系，实现贫困大学生的积极教育……161
(二) 构建“科研育人”体系，加快贫困大学生心理脱贫路径研究……162
(三) 构建“实践育人”体系，实现“渗透式”心理素质教育……162
(四) 构建“文化育人”体系，展现积极心理健康教育理念的价值……163
(五) 构建“网络育人”体系，实现“点对点”的个性化针对性教育……164
(六) 构建“心健育人”体系，全面提升高校心理健康教育质量……164
(七) 构建“管理育人”体系，建立贫困生翔实的心理档案……166
(八) 构建“服务育人”体系，加强就业创业心理辅导……167
(九) 构建“资助育人”体系，营造社会支持与帮扶的关怀性取向……170
(十) 构建“组织育人”体系，加快贫困大学生融入集体……171
三、基于积极心理学视角的贫困大学生积极心理育人路径研究……172
(一) 引导和培养贫困大学生形成积极心理认知图式……173
(二) 增进贫困大学生积极的情绪情感体验……174
(三) 帮助贫困大学生塑造积极良好人格与积极心理特质……175
(四) 引导贫困大学生构建积极的社会支持体系和人际关系……176
(五) 开展多种积极教育提升贫困大学生的心理资本……177

附录……179

参考文献……187

第一章

少数民族贫困大学生心理状况研究述评

一、研究背景

贫困大学生主要是指在校期间基本生活费用难以达到学校所在地最低生活标准，且无力交纳学费和购置必要的学习用品，日常生活没有经济保障的国家招收的普通高校本专科学生(褚远辉，杨红梅，2006)。国家为了帮助少数民族地区培养出更多的少数民族人才，不仅在各高校增大了对少数民族学生的招生比例，而且在高校中通过专门开办“预科班”等方式来扩展少数民族学生进入高校学习的途径，因此高校中少数民族大学生的比例在不断增大。但少数民族大学生多来自偏远的经济落后地区，他们不仅经济上比较困难，且由于从小接受的教育质量较差，因此进入大学后相对其他学生学业底子也较薄弱，对大学课程的学习也比较吃力，是经济与学业上的“双困生”(梅慧娣，2012)。而在少数民族地区，由于地方高校的经费不足，加上地方经济欠发达，贫困学生比例更大，贫困生问题成为各少数民族地区高校教育工作中一个很棘手的问题(寸晓红，李宁，2011)。因此，少数民族贫困大学生的心理状况非常值得关注、探讨和研究。

少数民族贫困生问题，是一个涉及社会多层面，深受社会各界关注的问题，它直接关系到我国高等教育的持续健康发展，关系到教育公平、民族团结、边疆稳定以及和谐社会的构建等本质问题，高校有责任采取各种措施和方法帮助贫困生，特别是帮助少数民族贫困生走出各种困境(张海清，2008)。良好的心理健康状况和积极的心理品质对少数民族贫困大学生在大学期间顺利完成学业和在生活上具有较好的精神面貌等方面意义更为重要。正是因为少数民族贫困大学生这一群体的重要性，当前国内不少学者对其关注程度也在不断提高。

二、研究概况

目前对贫困大学生的研究已经涉及方方面面，但对少数民族贫困大学生以及少数民族地区贫困大学生各方面的深入研究还相对较少。随着更多少数民族学生进入大学继续深造与学习，高校从事心理健康教育和关心学生发展等方面的学者开始关注少数民族贫困大学生这一特殊群体的身心健康发展状况。通过文献梳理可知，以往研究主要从心理健康和德育的视角对少数民族贫困大学生以及少数民族地区的贫困大学生在心理健康状况、人格、自卑、自信、心理与社会适应、社会支持、应对方式、心理贫困、自我和谐与自我认同、生活事件等方面及其相互关系进行了分析与探讨。在研究方法上，少数研究者从观察与思考的角度对少数民族贫困大学生的心理特点进行了质性分析，而更多研究者则主要采用信效度较高的常用心理评估量表进行实证调查的量化研究，如心理健康症状自评量表(SCL-90)、社会支持评定量表、应对方式问卷、艾森克个性问卷(EPQ)、自我和谐量表(SCCS)等。

本书通过查阅以往少数民族贫困大学生和少数民族贫困地区大学生的心理状况研究文献并进行梳理分析，研究重点关注了少数民族贫困大学生在心理健康方面的现状，同时还探讨了其心理健康与其他心理品质之间的相关关系，以及其他心理品质特点。研究的调查对象主要集中在云南、新疆、青海、贵州等省区的少数民族贫困大学生或少数民族自治地区的贫困大学生。研究的内容具体包括以下3个方面。

(一) 少数民族贫困大学生的心理健康现状特点

1. 少数民族贫困大学生心理健康的整体状况

以往研究多采用心理健康症状自评量表(SCL-90)对少数民族贫困大学生心理健康的基本状况进行调查分析和讨论。调查研究的结果认为这一群体心理健康状况整体上不容乐观，总体水平低(胡发稳，宗岚，李丽菊，2006)，心理问题检出率较高(刘寿，张发斌，王玉梅，等，2008)，其心理适应问题较突出(朱远来，冉建平，2009)，并且少数民族贫困大学生在焦虑、恐怖、强迫、偏执、人际关系敏感等因子上得分相对较高(胡发稳，宗岚，李丽菊，2006；朱远来，冉建平，2009；张发斌，谭鹏，王三环，等，2008；陈嵘，秦竹，杨玉芹，等，2008)，心理健康状况未达到良好水平。何瑾和樊富珉的调查研究显示，少数民族贫困大学生表现出更多的抑郁焦虑等负面情绪，自尊水平更低。在情感体验方面，少数民族贫困大学生体验的正性情感相对较少，负性情感相对较多(何瑾，樊富珉，2007)。

2. 经济状况对少数民族贫困大学生心理健康的影响

以往研究分析探讨了经济状况等物质条件对少数民族贫困大学生的具体影响，胡发稳的研究显示少数民族特困生的心理健康水平显著低于贫困生和非贫困生(胡发稳，宗岚，李丽菊，2006；胡发稳，李丽菊，李锐，等，2006)。另外多项研究的调查发现少数民族贫困大学生在SCL-90中的人际关系敏感、抑郁、焦虑、偏执等因子的得分显著高于非贫困大学生，少数民族贫困大学生心理健康程度明显低于非贫困生，表明少数民族贫困生心理健康状况比非贫困生差(朱远来，2008；肖元，2009；王玉琴，刘健，2013；李锐，2008)。这些研究表明，较差的家庭经济状况会对少数民族贫困大学生的心理健康水平产生消极影响。

3. 少数民族贫困大学生在心理健康方面的性别差异

性别是影响少数民族贫困大学生心理健康的一个重要变量。褚远辉和杨红梅的调查研究发现，在抑郁和焦虑两个因子上民族地区贫困女大学生得分显著较高，心理健康状况相对较差(褚远辉，杨红梅，2006)。刘寿等的调查显示，藏族女贫困大学生心理问题检出率为77.96%，明显高于男生的64.18% (刘寿，张发斌，王玉梅，等，2008)。张发斌的研究显示，在躯体化、抑郁、恐怖因子的得分上，少数民族贫困女大学生明显高于男生(张发斌，谭鹏，王三环，等，2008)。

4. 影响少数民族贫困大学生心理健康的其他方面

以往研究还从其他方面分析了影响少数民族贫困大学生心理健康的相关变量。刘寿等的研究还发现藏族贫困大学生与回族、土族等其他少数民族贫困大学生的心理健康水平之间的差异有统计学意义(刘寿，张发斌，王玉梅，等，2008)。另外，研究显示二年级贫困大学生的心理健康状态处于整个大学期间的最低谷(褚远辉，杨红梅，2006；刘寿，张发斌，王玉梅，等，2008)；张发斌等也分析发现各年级少数民族贫困大学生中，以大一、大二学生的心理健康状况最差(张发斌，谭鹏，王三环，等，2008)。

(二) 少数民族贫困大学生个性心理现状及其与心理健康的关系

1. 人格

人格是大学生最重要的个性心理特点之一，少数民族贫困大学生来自不同的民族不同的地域，受不同传统民族文化的影响，他们在人格特质方面也存在着不同的表现。陈嵘对卡特尔16种人格因素的调查分析发现，少数民族贫困大学生在幻想性、独立性、聪慧性、世故性、实验性等人格特征得分上均较低；而分别分析男女少数民族贫困生的人格特点发现，男性少数民族贫困生存在忧虑和低乐群等特征，女性存在自卑甚至抑郁和悲观等特点，这样的人格特征不利于少数民族贫困大学生去面对生活与学习上的各种困难，也不利于他们适应大学校园的各种环境(陈嵘，秦竹，杨玉芹，等，2008)。调查研究还发现，男女少数民族贫困大学生之间的大五人格(研究证实，有五项人格因素是最核心、最稳定的人格特质，即宜人性、尽责性、外向性、进取性和情绪性)特征有显著差异，男生的人格特点倾向于现实性，女生则倾向于幻想性(胡发稳，李丽菊，李锐，等，2006)。肖元测查发现，少数民族贫困大学生在神经质、精神质、内外向和掩饰性4个人格维度上与非贫困生之间的得分差异有统计学意义(肖元，2009)。

人格特质与心理健康存在相关性，健全人格取向是大学生心理健康的重要内容(程科，黄希庭，2009)，不同人格类型是心理健康的重要影响因素(钟杰，李波，钱铭怡，2003；娄文婧，李义安，2009)。大学生大五人格与心理健康密切相关，大五人格中的严谨性和宜人性与心理健康存在正相关关系，神经质与贫困生的心理健康有负相关关系(顾寿全，奚晓岚，程灶火，等，2014)。同时调查分析表明，不同民族(彝族、壮族、哈尼族和傣族)间的贫困大学生存在不同的人格特征和心理健康状况，心理健康与贫困生的人格特征关系密切，影响少数民族贫困生心理健康的个性人格特征有实际性、男子气—女子气等方面(胡发稳，李丽菊，李锐，等，2006)。还有研究发现，少数民族贫困大学生精神质越明显，情绪稳定性越差，性格越内向，掩饰性越强，其心理问题越多(肖元，2009)。

2. 自卑与自信心

自卑心理是贫困大学生的普遍消极心理，少数民族贫困大学生也存在较明显的自卑心理和失落心理(舒巨伟，杨秀芝，张玉文，等，1999)。而这一群体自卑心理产生的原因涉及家庭、学校和个体多个方面，如家庭经济贫困、缺少父爱或母爱、归因动机、学习负担、缺乏期望和文化冲突等。有多项研究还从这些方面提出了具体对策(梅慧娣，2012；马振彪，2006；李艳萍，2010)。

自卑心理的存在表明少数民族贫困大学生在各方面自信心的缺乏，自卑心理的产生和自信心缺乏都是不良心理健康的反映，而研究者也从注重创设平等环境、人文关怀和心理疏导、多渠道帮扶、开展丰富多彩的文娱活动和教师利用情感作用等多个角度思考和探讨了增强少数民族贫困大学生自信心的方法与策略(周华，2012；郭怡梅，2007)。

3. 自我认同与自我和谐

解决认同问题是少数民族贫困大学生人格成长过程中的重要部分，恰当的引导将有助于个体人格心理的调节和适应。赵路(2014)从自我认同感因文化碰撞而缺失和价值观的确立面临多重困境两个方面详细分析了少数民族贫困大学生在大学校园里面临的种种自我认同的困境，并且提出了消解少数民族贫困大学生自我认同困境的多种方式与方法。

自我和谐是大学生心理和谐的一个重要标志，是指个体内部之间、自我与经验之间的协调。少数民族地区贫困大学生自我和谐总体水平低于非贫困生，仅有22.2%贫困大学生的自我和谐得分较高，并且自我与经验的不和谐程度高于非贫困生(李锐，马会梅，潘莹，2010)。

(三) 少数民族贫困大学生社会适应心理现状及其与心理健康的关系

1. 社会支持

良好的社会支持可满足个体自尊和爱的需要，提高个体的自我价值感，为个体提供有效的问题解决策略和情感安慰(朱远来，冉建平，2009)。而少数民族贫困大学生获得的社会支持相对较少，寸晓红和李宁(2011)研究发现，少数民族贫困大学生的社会支持状况较差，远不如非贫困大学生的社会支持状况。少数民族贫困女大学生的社会支持状况要好于男生，而社会支持源位于前三位的是“父母或其他家人”“亲戚”和“同学”(周琬馨，罗雁龙，胡椿，2012)。

社会支持能显著预测少数民族贫困大学生的心理健康状况，即少数民族贫困大学生获得的社会支持越多，其心理健康水平就越高。家庭贫困与他们的交往需求下降、社交能力低下和交往经验的相对缺乏关系密切。匮乏的社会支持是导致贫困大学生中性格内向和性格孤僻者偏多，并影响其心理健康的重要因素之一(朱远来，冉建平，2009)。一些少数民族贫困大学生在学校的社交范围特别窄，家庭成员也没有办法了解他们的心理状态与情绪等，无论学校还是家庭都较少地去关注、赞许和鼓励他们，从而导致其在精神和心理上缺乏各种支持(朱远来，王永红，阿布扎力，2011)。总之，较少的社会支持与严重的心理健康问题密切相关。

2. 应对方式

当处于困境及面临各种应激变化状态时，若要避免对个体的身心产生重大损害，就必须采取良好的应对方式。研究表明，少数民族贫困大学生采取的应对方式和其心理健康显著相关，是影响其心理健康的主要因素(王玉琴，刘健，2013)。其中，消极应对方式中的自责、幻想、退避、合理化等与少数民族贫困大学生的心理健康呈显著负相关(朱远来，马凯，2010)，而解决问题、求助等应对方式与少数民族贫困大学生的心理健康呈显著正相关。但调查发现，少数民族贫困大学生不太会采取求助等积极的应对方式，他们不经常主动与自己的亲人和朋友沟通、交流想法与感受，不会从亲友那里获得各种支持与安慰，同时他们不善于通过各种娱乐休闲活动来发泄自己的情绪和减轻内心的压力(朱远来，王永红，阿布扎力，2011)，因此，引导积极性的应对方式有益于少数民族贫困大学生的心理健康。

3. 应激生活事件

生活中的应激事件往往会对个体造成各种影响，少数民族贫困大学生中女生在生活事件各个因子的应激量普遍高于男生，女性贫困生的心理压力相对较高，而发生频率较高的生活事件多与家庭相关(周琬馨，罗雁龙，胡椿，

2012)。周正红分析发现，少数民族贫困大学生在心理应激的各个维度得分和总分较高，少数民族贫困大学生的心理应激量在家庭和生活方面显著较高，而家庭里的经济困难及成员患重病是影响其心理健康的主要因素(周正红，周生江，张桂青，2010)。家庭经济困难、学习负担重、考试失败或不理想、就业是影响少数民族贫困大学生心理健康的主要生活事件(李锐，2008)。

4. 适应状况

良好的适应能力在个体享有高效愉快的工作、学习和生活中具有重要作用。任胜洪和张国强(2005)对少数民族贫困女大学生的心理适应状况进行调查分析发现，贫困女大学生在生活适应与职业取向两个方面的心理适应水平较强，而在学习适应上较弱，遇到的困难较多，同时少数民族贫困女大学生的恋爱与性心理方面的心理适应水平也非常弱；因而研究者从学校和个体两个角度提出了一些提高和改善少数民族贫困女大学生心理适应能力的教育对策。杨光和时遂营(2013)分析发现，虽然少数民族贫困大学生的社会适应能力整体偏低，但是由于其群体文化等的特殊性，少数民族贫困大学生也表现出坚强的生存意志力，使得他们在一些方面具有良好的适应性。樊俊(2004)从心理贫困的角度分析认为，少数民族贫困大学生在环境适应等多个方面由于经济贫困的压力导致出现一系列个性特征和心理健康上的负性变化。

5. 就业心理

辉进宇和褚远辉(2014)对少数民族地区贫困大学生就业思想的现状调查得到：少数民族贫困大学生往往处于一种就业焦虑的情绪状态，一方面希望到条件相对较好的地方工作，另一方面又对就业地域的选择持相当务实的态度。少数民族贫困大学生由于其身份与成长环境经历的特殊性，更担心自己毕业以后的就业问题，对自己是否能找到工作、是否能报答父母的养育之恩等感到忧心，因此常常处于就业焦虑状态(李艳萍，2010)。

6. 人际交往

在人际沟通能力方面，部分少数民族贫困大学生存在自卑心理，不敢与周围的同学、老师交流，也害怕把自己融入各种集体活动当中去，表现得特别怯懦和生疏，这阻碍了少数民族贫困大学生的人际关系和谐(赵坚，2012)。汪淑娟和高昆(2010)分析认为，少数民族地区贫困大学生的人际交往现状令人担忧，贫困生在人际交往上存在意识淡薄、缺乏自信心和缺乏各种人际交往方法等方面的问题。人际交往障碍是少数民族贫困大学生的典型心理贫困症状，自信心的缺乏使他们在大多时候封闭自我，很少主动和老师、同学交流思想(梅慧娣，2012)。

7. 主观幸福感

梅慧娣(2012)在总结相关学者研究的基础上阐述了当前少数民族贫困大学生主观幸福感的缺失表现及其主要影响因子，并从国家政策、高校课程和学生个体等角度考察其与少数民族贫困大学生主观幸福感的相互关系，从而有针对性地提出对策，以提高少数民族贫困大学生主观幸福感水平。

三、研究不足与展望

前面主要对少数民族及少数民族地区贫困大学生的各方面心理状况已有的研究成果进行了整理。这些研究成果首先帮助学者们清楚和客观地认识到了当前少数民族贫困大学生在心理方面的现状及存在的一些问题，同时也有助于引导高校的管理者和教育工作者更加重视少数民族及少数民族地区贫困大学生在学习和生活上的一些心理问题，但是这些研究还存在一些不足。关于少数民族贫困大学生心理状况的研究仍需要进一步的深化和改进。

(一) 过度关注心理健康研究，研究内容与方法单一

首先，由于少数民族贫困大学生或少数民族贫困地区的大学生往往被研究者肯定地认为经济困难是导致这类大学生存在较严重心理问题的主要原因，因此对少数民族贫困大学生的调查多数集中在心理健康水平上，常常先入为主地把少数民族贫困大学生的心理健康定格为不好或不良。

其次，研究方法和内容较简单，采用的研究工具也往往是心理健康症状自评量表(SCL-90)，而且仅对少数民族贫困大学生的心理健康现状进行基本的描述统计分析，并没有对导致少数民族贫困大学生心理健康问题的原因和机制进行深层次的调查、分析和探讨。

再次，某些研究甚至是同一作者利用一次调查得出的重复性研究成果，没有新意和价值。

最后，某些研究只是对少数民族贫困大学生的心理问题进行简单量化研究，而没有采用访谈和观察等质性的研究方法来结合量化研究结果去进行多角度分析探讨得出综合的研究结论。

(二) 要从积极心理学视角关注少数民族贫困大学生心理

高校心理健康教育中积极心理健康教育是一面重要旗帜，而大学生积极心理品质的培养是积极心理健康教育的核心内容。陈磊等已从积极心理学的研究角度调查得到，贫困大学生的积极心理品质总体状况良好，其中人际维度(真诚、勇敢、坚持、热情)、情感维度(感受爱、爱与友善、社交智慧)、公正维度(团队精神、正直公平、领导能力)、节制维度(宽容、谦虚、审慎、自制)、超越维度(心灵触动、希望与信念、幽默风趣)等多个积极心理品质维度均显著高于非贫困生对照组(陈磊，何云凤，夏星星，2011)。孔宪福(2010)分析研究发现，通过营建积极的校园生态、激发自身主动性、建立积极信念和提高心理弹性等积极心理健康教育措施，可以有效帮助贫困大学生摆脱不良的心理困扰，促使他们更好地适应大学的学习和生活，并为未来的社会适应奠定基础。

而以往的一些研究关注的是少数民族贫困大学生的诸多消极心理问题，如自卑、孤独感等。这些研究给少数民族贫困大学生印上了“消极”的印记，而没有关注少数民族贫困大学生那些积极优秀的心理品质与能力。不同于这些研究，杨光和时遂营(2013)的研究则认为少数民族贫困大学生在成长过程中练就了其坚强的生存意志和能力，具有自我管理、刻苦上进、团结协作和艰苦朴素诸多方面的积极良好的心理品质。因此，在今后的研究中要以积极心理学的思想为导向，以积极的取向去探讨存在于少数民族大学生以及少数民族贫困大学生身上的那些具有民族气质和特殊经历的积极心理品质。要多以积极心理学的视角，加强对少数民族贫困大学生各种积极体验(包括思维与洞察力、谦虚、信念、希望、持重、执着、真诚、创造力等积极心理品质)的深入研究。

(三) 要从民族心理学视角关注少数民族贫困大学生心理

我国少数民族具有优秀的传统文化和独特的生活习俗，这些也造就了少数民族大学生各种优秀的心理品质。许多少数民族的生活习俗、历史沿革、民族建筑和信仰崇尚等方面都会对少数民族大学生的身心发展产生重要的影响，而这些影响往往是积极的。但是某些对少数民族大学生的研究没有真正从少数民族传统文化和民族心理学的视角去探讨少数民族大学生的心理发展特点、心理品质，而只是挂了“少数民族”这样一个前缀，仅仅把被试换成少数民族大学生，则成为表面浅层次的研究。所以，在今后的研究中要多从少数民族传统文化和民族心理学的视角，以质性研究和量化研究相结合的手段与方法去探讨少数民族贫困大学生各种心理的发生发展机制。

(四) 根据调研成果系统研究少数民族贫困大学生的物质与心理扶持机制

对少数民族贫困大学生的研究要发挥其真正作用就必须将研究结果应用到当前的教育实践中，而某些研究成果却只是为了研究结果而研究，其一开始的取向就存在一定问题，仅仅探讨了研究结果，而未继续思考研究结果对教育实践有多大的意义。在研究条件允许的情况下，应该系统地去研究少数民族贫困大学生的心理状况，并根据研究结果系统构建少数民族贫困大学生的物质与心理扶贫机制，要将研究结果真正应用到各级各类学校的教育实践中。

第二章

研究方法

一、研究对象

采取方便取样的方法，针对在贵州省黔东南苗族侗族自治州的凯里学院、黔南布依族苗族自治州的黔南民族师范学院、黔西南布依族苗族自治州的兴义民族师范学院组织最近两年内成功申请贫困助学金的在校大学生进行团体施测，发放问卷共660份，收回有效问卷626份，部分被试的人口学变量信息缺失。被试的具体分布如表2-1所示。

表2-1　被试分布情况表

变量	类别	频率(人)
性别	男	222
	女	399
	合计	621
民族	汉族	286
	少数民族	339
	合计	625
生源地	农村	585
	城市	36
	合计	621
家庭人口数量	3人	72
	4～5人	379
	5人以上	173
	合计	624
年级	大一	191
	大二	288
	大三	146
	合计	625
专业	文科	313
	理工科	305
	合计	618

(续表)

变量	类别	频率(人)
学历层次	本科	566
	专科	58
	合计	624

二、调研工具

(一) 大学生心理压力感量表

采用张林、车文博等人编制的“大学生心理压力感量表”。该量表包括两个维度：①个人自身压力，主要包括家庭压力、适应压力、健康压力、恋爱压力、自卑压力和挫折压力6个方面；②社会环境压力，主要包括人际压力、择业压力、情绪压力、学校环境压力和学业压力5个方面。采用五点计分方式，即“没有”记1分，“很轻”记2分，“一般”记3分，“较大”记4分，“极大”记5分。被试在问卷上的得分越高，表明其感受到的心理压力越大。

研究表明：大学生心理压力感量表两个维度的Cronbach’s α系数分别为0.81、0.86，总体同质信度为0.89，稳定性系数为0.59，以心理症状自评量表的总分作为心理压力感的预测指标，量表的预测效度为0.46，表明该量表具有较好的信度和效度(龚勋，2010)。本研究中该量表的内部一致性α信度系数为0.951。

(二) 核心自我评价量表

由Judge等提出的核心自我评价概念及理论相关研究编制的直接测量核心自我评价的工具，国内一些研究对其“核心自我评价量表”进行了翻译和修订，形成了中国文化背景下的核心自我评价量表。该量表是一个单维度自评量表，由10个项目组成。采用五级记分法，从1分到5分表示从“完全不同意”到“完全同意”。该量表在国内使用非常广泛，信效度检验结果均较高(戴晓阳，2010)。本研究中该量表的内部一致性α信度系数为0.773。

(三) 社会支持评定量表

社会支持评定量表由肖水源编制形成，其在参考国外有关资料的基础上，自行设计了只有10个条目的“社会支持评定量表”，包括客观支持(3条)、主观支持(4条)和对社会支持的利用度(3条)3个维度。该量表长期应用于社会支持评定方面的应用研究，信效度非常高(汪向东，1999)。本研究中该量表的内部一致性α信度系数为0.579。

(四) 自测健康评定量表

自测健康是指本人对自己健康状况的主观评价和期望。自测健康评定是目前国际上比较流行的健康测量方法之一。世界卫生组织(WHO)将健康定义为：健康是一种在身体上、精神上的完美状态，以及良好的适应力，而不仅仅是没有疾病和衰弱的状态。个体的健康应该是生理健康、心理健康和社会健康的总和。许军等人基于WHO的健康定义，顺应生物医学模式向生理—心理—社会医学模式，以及健康测量从一维到多维、群体到个体、负向到正向的转变，吸收人文科学的最新成果，采用Delphi法和现场调查法，从生理、心理和社会3个方面筛选自测健康评价指标，建立了适合我国国情和文化背景的自测健康评定量表(SRHMS)。该量表克服了以往自测健康测量的不足，比较直观、全面、准确地反映了自测健康的真正内涵。该量表为单维量表，以往研究中该量表的信效度水平较高。本研究中该量表的内部一致性α信度系数为0.845。

三、数据处理与分析方法

将问卷数据录入计算机，采用SPSS 23.0软件对数据进行整理与统计分析。本研究主要采用描述统计、独立样本t检验、方差分析、相关分析、回归分析等数据统计分析方法。

第三章

民族地区高校贫困生核心自我评价现状调查研究

一、贫困大学生核心自我评价总体状况调查分析

通过描述统计得到贫困大学生核心自我评价的总体现状，如表3-1所示。

表3-1　贫困大学生核心自我评价的描述统计

因变量	*N*	极小值	极大值	均值	标准差	题平均得分
核心自我评价	626	16.00	50.00	37.177	5.797	3.718

贫困大学生核心自我评价调查问卷采取五级计分，而数据分析结果表明，贫困大学生核心自我评价总体的题平均数得分为3.718，处于中等偏上水平，整体基本呈正态分布。根据贫困大学生核心自我评价的具体得分情况绘制出次数分布的直方图，如图3-1所示。

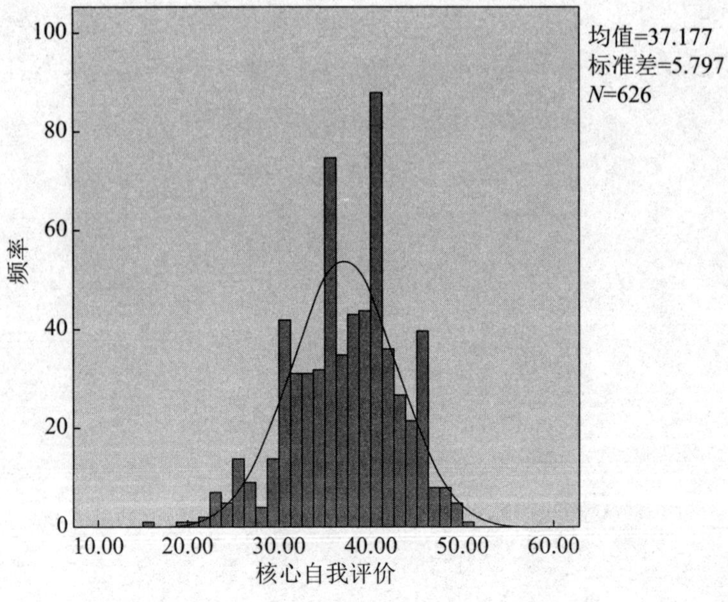

图3-1　贫困大学生核心自我评价的分布情况

二、贫困大学生核心自我评价的人口学变量影响调查分析

(一) 性别对贫困大学生核心自我评价的影响分析

以贫困大学生的核心自我评价为因变量、性别为自变量进行独立样本t检验，结果如表3-2所示。

表3-2　贫困大学生核心自我评价的性别差异

因变量	性别	N	均值	标准差	均值的标准误	t	p
核心自我评价	男	222	38.233	5.713	0.383	3.462	0.001
	女	399	36.570	5.780	0.289		

表3-2表明，贫困大学生的核心自我评价存在显著的性别差异，即调查结果显示贫困男大学生的核心自我评价显著高于贫困女大学生的核心自我评价。

(二) 是否为少数民族对贫困大学生核心自我评价的影响分析

以贫困大学生的核心自我评价为因变量、是否为少数民族为自变量进行独立样本t检验，结果如表3-3所示。

表3-3　贫困大学生核心自我评价的是否为少数民族差异

因变量	民族	N	均值	标准差	均值的标准误	t	p
核心自我评价	少数民族	339	36.516	5.869	0.319	−3.164	0.002
	汉族	286	37.979	5.621	0.332		

表3-3表明，贫困大学生的核心自我评价存在显著的是否为少数民族差异，调查结果显示，少数民族贫困大学生的核心自我评价水平低于汉族贫困大学生的核心自我评价水平。

(三) 生源地类型对贫困大学生核心自我评价的影响分析

以贫困大学生的核心自我评价为因变量、生源地类型为自变量进行独立样本t检验，结果如表3-4所示。

表3-4 贫困大学生核心自我评价的生源地类型差异

因变量	生源地	N	均值	标准差	均值的标准误	t	p
核心自我评价	农村	585	37.258	5.814	0.240	1.346	0.179
	城市	36	35.917	5.613	0.936		

表3-4表明，贫困大学生的核心自我评价在生源地类型方面不存在显著差异，贫困大学生所在的生源地类型对核心自我评价方面的影响非常小。

(四) 年级对贫困大学生核心自我评价的影响分析

以贫困大学生的核心自我评价为因变量、年级为自变量进行单因素方差分析。描述统计结果如表3-5所示，方差分析结果如表3-6所示。

表3-5 贫困大学生核心自我评价的年级差异描述统计结果

因变量	年级	N	均值	标准差	标准误	极小值	极大值
核心自我评价	大一	191	37.662	5.896	0.427	16.00	50.00
	大二	288	36.723	5.762	0.340	19.00	49.00
	大三	146	37.392	5.702	0.472	22.00	49.00
	总数	625	37.166	5.796	0.232	16.00	50.00

表3-6 贫困大学生核心自我评价的年级差异方差分析结果

因变量	年级	平方和	df	均方	F	显著性
核心自我评价	组间	111.011	2	55.505	1.656	0.192
	组内	20 848.630	622	33.519		
	总数	20 959.641	624			

表3-6表明，根据方差分析结果得到，不同年级贫困大学生在核心自我评价上不存在显著差异，而从平均数的具体变化趋势来看，大一贫困生的核心自我评价水平最高，大二贫困生的核心自我评价水平最低。

不同年级贫困大学生核心自我评价的总体变化趋势如图3-2所示。

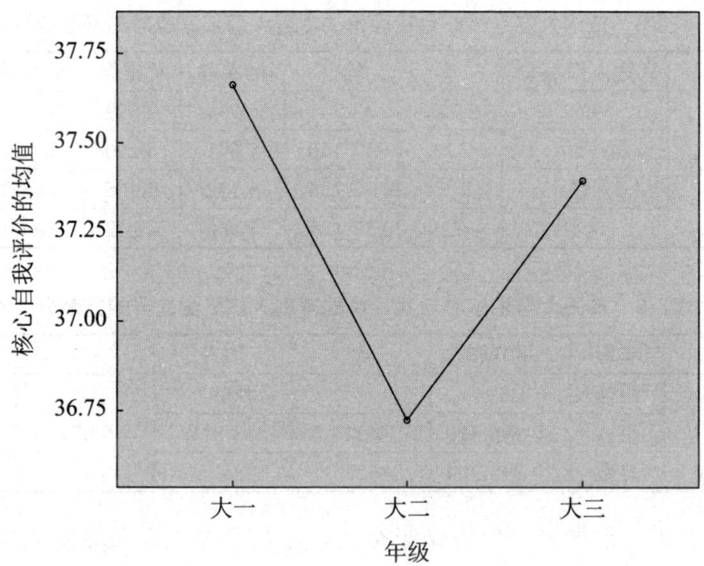

图3-2　不同年级贫困大学生核心自我评价的总体变化趋势

(五) 专业类型对贫困大学生核心自我评价的影响分析

以贫困大学生的核心自我评价为因变量、专业类型为自变量进行独立样本*t*检验统计分析，结果如表3-7所示。

表3-7　贫困大学生核心自我评价的专业类型差异

因变量	所学专业	*N*	均值	标准差	均值的标准误	*t*	*p*
核心自我评价	文科	313	36.834	5.833	0.330	−1.554	0.121
	理工科	305	37.560	5.777	0.331		

表3-7表明，在贫困大学生群体中，不同专业类型的贫困大学生的核心自我评价不存在显著差异，说明不同专业之间贫困大学生的核心自我评价水平相差不大。

(六) 家庭人口数量对贫困大学生核心自我评价的影响分析

以贫困大学生的核心自我评价为因变量、家庭人口数量为自变量进行单因素方差分析。描述统计结果如表3-8所示，方差分析结果如表3-9所示。

表3-8 贫困大学生核心自我评价的家庭人口数量差异的描述统计结果

因变量	家庭人口数量	*N*	均值	标准差	标准误	极小值	极大值
核心自我评价	3人	72	37.241	5.934	0.699	23.00	48.00
	4～5人	379	37.140	5.641	0.290	19.00	49.00
	5人以上	173	37.234	6.132	0.466	16.00	50.00
	总数	624	37.178	5.806	0.232	16.00	50.00

表3-9 贫困大学生核心自我评价的家庭人口数量差异的方差分析结果

因变量	年级	平方和	*df*	均方	*F*	显著性
核心自我评价	组间	1.394	2	0.697	0.021	0.980
	组内	20 996.810	621	33.811		
	总数	20 998.204	623			

表3-9表明，根据方差分析结果得到，不同家庭人口数量贫困大学生在核心自我评价上不存在显著差异，而从平均数的具体变化趋势来看，家庭人口数量为4～5人的贫困生的核心自我评价水平最低，其他家庭人口数量的贫困大学生的核心自我评价水平相对高一些。不同家庭人口数量贫困大学生核心自我评价的具体变化趋势如图3-3所示。

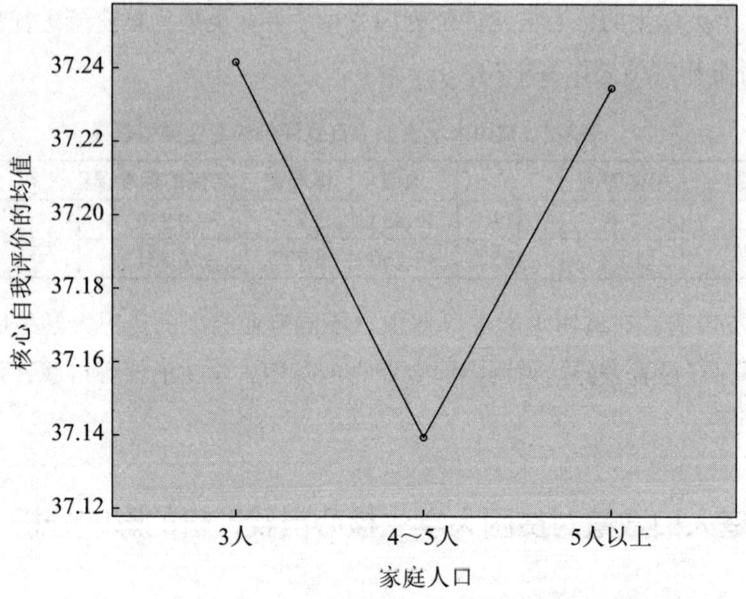

图3-3 不同家庭人口数量贫困大学生核心自我评价的变化趋势

(七) 在读学历层次对贫困大学生核心自我评价的影响分析

以贫困大学生的核心自我评价为因变量、在读学历层次为自变量进行单因素方差分析，结果如表3-10所示。

表3-10　贫困大学生核心自我评价的在读学历层次差异

因变量	学历	*N*	均值	标准差	均值的标准误	*t*	*p*
核心自我评价	本科	566	37.308	5.790	0.243	1.712	0.087
	专科	58	35.941	5.841	0.767	1.700	0.094

表3-10表明，在大学生群体中，在读学历为本科和专科的贫困大学生的核心自我评价不存在显著差异，本科贫困生和专科贫困生在核心自我评价上的差异非常小。

第四章

民族地区高校贫困生心理健康现状调查研究

一、贫困大学生心理健康总体状况调查分析

通过描述统计得到贫困大学生心理健康的总体现状，如表4-1所示。

表4-1　贫困大学生心理健康的描述统计

因变量	*N*	极小值	极大值	均值	标准差	题平均得分
心理健康	626	22.00	154.00	103.059	20.609	6.441

贫困大学生心理健康调查问卷采取十级计分，而数据分析结果表明，贫困大学生心理健康总体的题平均数得分为6.441，处于中等水平，整体基本呈正态分布，如图4-1所示。

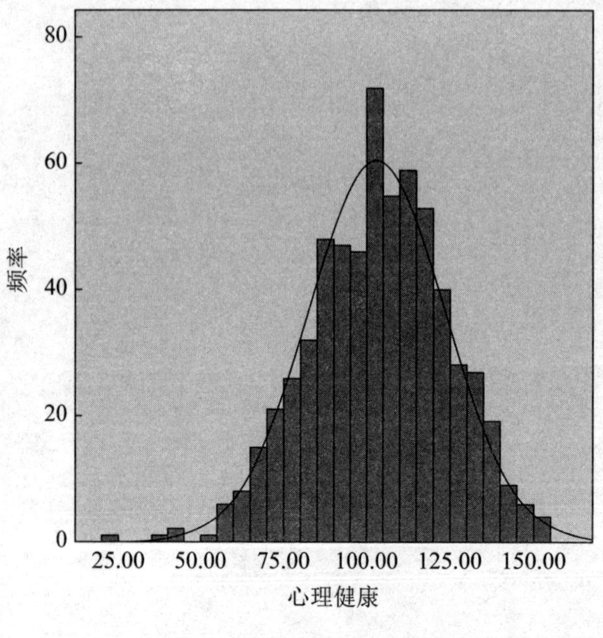

图4-1　贫困大学生心理健康的总体分布情况

二、贫困大学生心理健康的人口学变量影响调查分析

(一) 性别对贫困大学生心理健康的影响分析

以贫困大学生的心理健康总分为因变量、性别为自变量进行独立样本*t*检验，结果如表4-2所示。

表4-2　贫困大学生心理健康的性别差异

因变量	性别	*N*	均值	标准差	均值的标准误	*t*	*p*
心理健康	男	222	107.016	20.472	1.374	3.701	0.000
	女	399	100.719	20.235	1.013		

表4-2表明，贫困大学生的心理健康存在显著的性别差异，即调查结果显示，贫困男大学生的心理健康水平显著高于贫困女大学生的心理健康水平。

(二) 是否为少数民族对贫困大学生心理健康的影响分析

以贫困大学生的心理健康为因变量、是否为少数民族为自变量进行独立样本*t*检验，结果如表4-3所示。

表4-3　贫困大学生心理健康的是否为少数民族差异

因变量	民族	*N*	均值	标准差	均值的标准误	*t*	*p*
心理健康	少数民族	339	101.176	20.118	1.093	−2.579	0.010
	汉族	286	105.417	20.905	1.236		

表4-3表明，贫困大学生的心理健康存在显著的是否为少数民族差异，调查结果显示，少数民族贫困大学生的心理健康水平显著低于汉族贫困大学生的心理健康水平。

(三) 生源地类型对贫困大学生心理健康的影响分析

以贫困大学生的心理健康为因变量、生源地类型为自变量进行独立样本*t*

检验，结果如表4-4所示。

表4-4 贫困大学生心理健康的生源地类型差异

因变量	生源地	*N*	均值	标准差	均值的标准误	*t*	*p*
心理健康	农村	585	103.071	20.583	0.851	-0.403	0.687
	城市	36	104.500	21.256	3.543		

表4-4表明，贫困大学生的心理健康在生源地类型方面不存在显著差异，贫困大学生所在的生源地类型对心理健康方面的表现影响非常小。

(四) 年级对贫困大学生心理健康的影响分析

以贫困大学生的心理健康为因变量、年级为自变量进行单因素方差分析。描述统计结果如表4-5所示，方差分析结果如表4-6所示。

表4-5 贫困大学生心理健康的年级差异描述统计结果

因变量	年级	*N*	均值	标准差	标准误	极小值	极大值
心理健康	大一	191	104.825	20.122	1.456	22.00	149.00
	大二	288	101.438	20.127	1.186	38.00	154.00
	大三	146	103.877	22.084	1.828	44.00	150.00
	总数	625	103.043	20.621	0.825	22.00	154.00

表4-6 贫困大学生心理健康的年级差异方差分析结果

因变量	年级	平方和	*df*	均方	*F*	显著性
心理健康	组间	1 449.531	2	724.766	1.708	0.182
	组内	263 903.254	622	424.282		
	总数	265 352.785	624			

表4-6表明，根据方差分析结果得到，不同年级贫困大学生在心理健康上不存在显著差异，而从平均数的具体变化趋势来看，大一贫困生的心理健康水平最高，大二贫困生的心理健康水平最低。不同年级贫困大学生心理健康总体的变化趋势如图4-2所示。

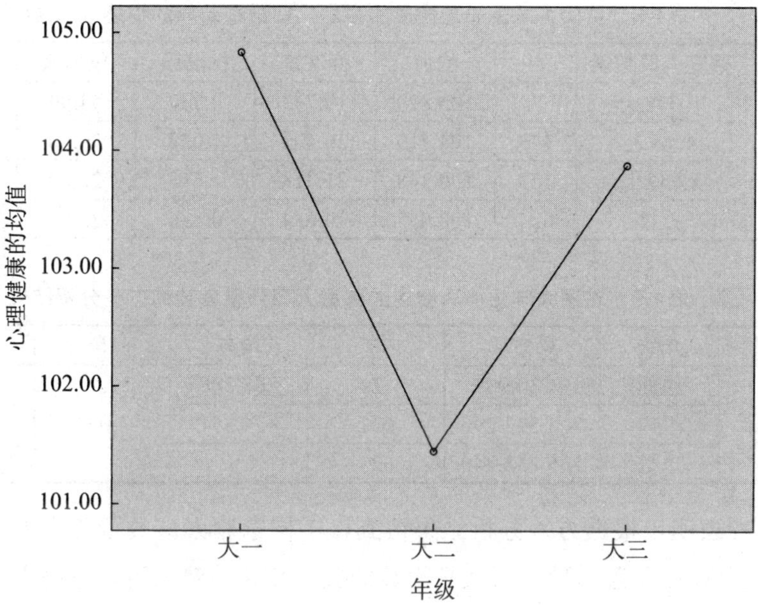

图4-2　不同年级贫困大学生心理健康总体的变化趋势

(五) 专业类型对贫困大学生心理健康的影响分析

以贫困大学生的心理健康为因变量、专业类型为自变量进行独立样本t检验统计分析，结果如表4-7所示。

表4-7　贫困大学生心理健康的专业类型差异

因变量	所学专业	N	均值	标准差	均值的标准误	t	p
心理健康	文科	313	102.342	20.547	1.161	−1.045	0.297
	理工科	305	104.078	20.758	1.189		

表4-7表明，在贫困大学生群体中，不同专业类型的贫困大学生的心理健康不存在显著差异，说明不同专业之间贫困大学生的心理健康水平相差不大。

(六) 家庭人口数量对贫困大学生心理健康的影响分析

以贫困大学生的心理健康为因变量、家庭人口数量为自变量进行单因素方差分析。描述统计结果如表4-8所示，方差分析结果如表4-9所示。

表4-8 贫困大学生心理健康的家庭人口数量差异的描述统计结果

因变量	家庭人口数量	*N*	均值	标准差	标准误	极小值	极大值
心理健康	3人	72	103.819	19.743	2.327	44.00	143.00
	4～5人	379	104.110	20.472	1.052	38.00	154.00
	5人以上	173	100.348	21.218	1.613	22.00	148.00
	总数	624	103.033	20.634	0.826	22.00	154.00

表4-9 贫困大学生心理健康的家庭人口数量差异的方差分析结果

因变量	年级	平方和	*df*	均方	*F*	显著性
心理健康	组间	1 730.999	2	865.500	2.040	0.131
	组内	263 522.240	621	424.351		
	总数	265 253.240	623			

表4-9表明，根据方差分析结果得到，不同家庭人口数量贫困大学生在心理健康上不存在显著差异。而从平均数的具体变化趋势来看，家庭人口数量为3～5人的贫困生的心理健康水平相对较高，5人以上人口数量的贫困大学生的心理健康水平要低一些。不同家庭人口数量贫困大学生心理健康的变化趋势如图4-3所示。

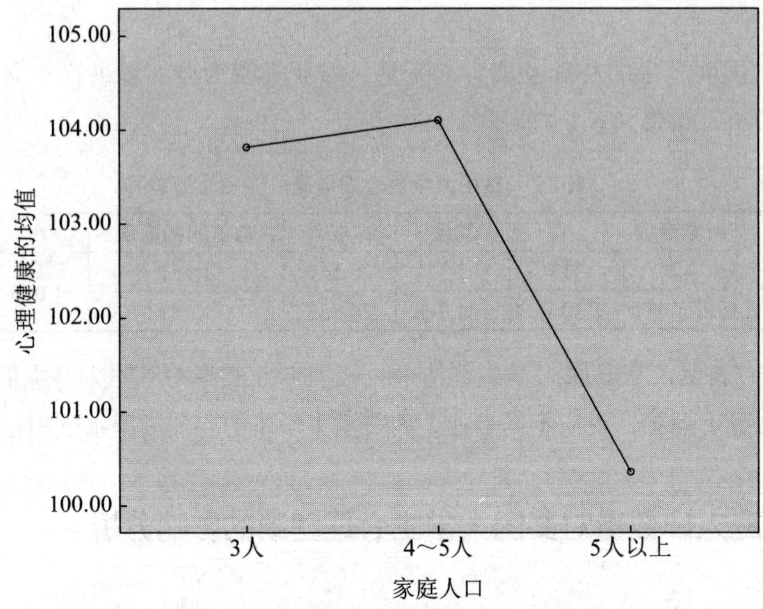

图4-3 不同家庭人口数量贫困大学生心理健康的变化趋势

(七) 在读学历层次对贫困大学生心理健康的影响分析

以贫困大学生的心理健康为因变量、在读学历层次为自变量进行独立样本t检验分析，结果如表4-10所示。

表4-10　贫困大学生心理健康的在读学历层次差异

因变量	学历	N	均值	标准差	均值的标准误	t	p
心理健康	本科	566	103.293	20.688	0.870	0.834	0.405
	专科	58	100.931	18.954	2.489	0.896	0.373

表4-10表明，在大学生群体中，在读学历为本科和专科的贫困大学生的心理健康不存在显著差异，本科贫困生和专科贫困生在心理健康上的差异非常小。

第五章

民族地区高校贫困生心理压力现状调查研究

一、贫困大学生心理压力总体状况调查分析

通过描述统计得到贫困大学生心理压力的总体现状，如表5-1所示。

表5-1　贫困大学生心理压力的描述统计

因变量	*N*	极小值	极大值	均值	标准差	题平均得分
家庭压力	626	8.00	32.00	13.513	4.027	1.689
健康压力	626	5.00	21.00	7.441	2.656	1.488
适应压力	626	5.00	19.00	7.391	2.637	1.478
恋爱压力	626	6.00	26.00	9.562	3.797	1.594
自卑压力	626	4.00	15.00	6.263	2.238	1.566
挫折压力	626	5.00	18.00	7.799	2.850	1.560
人际压力	626	7.00	31.00	12.295	4.313	1.756
择业压力	626	5.00	25.00	11.440	4.588	2.288
学校环境压力	626	5.00	25.00	10.707	3.895	2.141
情绪压力	626	5.00	23.00	9.369	3.632	1.874
学业压力	626	7.00	30.00	13.569	4.812	1.938
心理压力总分	626	64.00	217.00	109.350	30.140	1.764

贫困大学生心理压力调查问卷采取五级计分，而数据分析结果表明，贫困大学生心理压力总体的题平均数得分为1.764，处于较低水平，整体上呈正偏态分布，说明民族地区高校贫困生的心理压力较低，情况较乐观。具体分析得到，在贫困大学生心理压力的各个方面，贫困大学生的择业压力最大，其次为学校环境压力和学业压力，而适应压力较小。贫困大学生心理压力各方面表现情况比较，如图5-1所示。

根据贫困大学生心理压力具体得分情况绘制出次数分布的直方图，如图5-2所示。

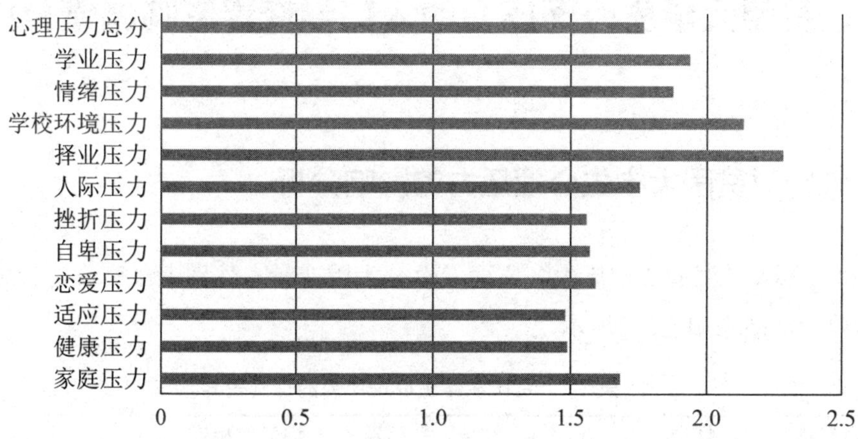

图5-1　贫困大学生心理压力各方面表现比较

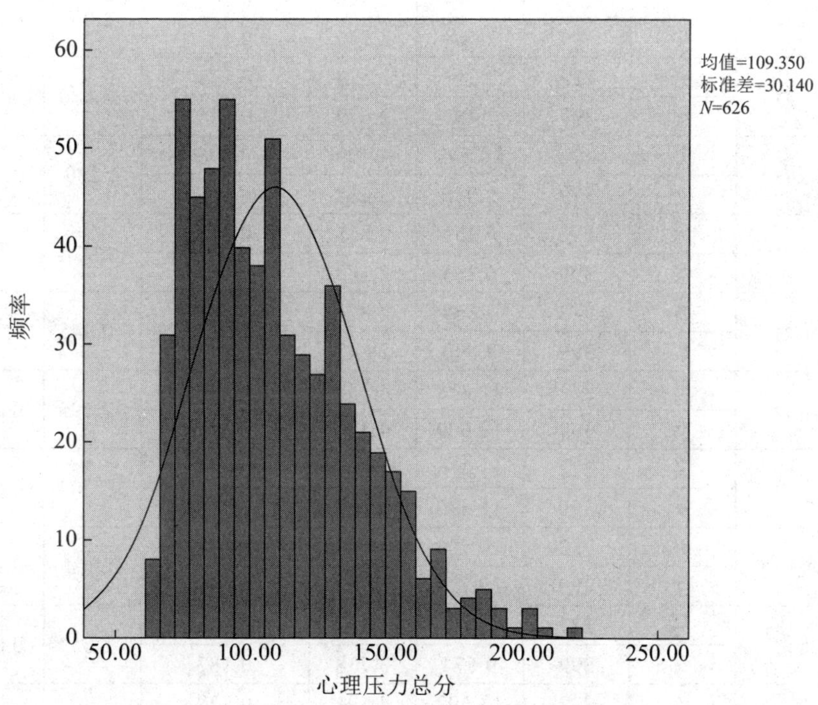

图5-2　贫困大学生心理压力总体的分布情况

二、贫困大学生心理压力的人口学变量影响调查分析

(一) 性别对贫困大学生心理压力的影响分析

以贫困大学生的心理压力各方面及总分为因变量、性别为自变量进行独立样本t检验，结果如表5-2所示。

表5-2 贫困大学生心理压力的性别差异

因变量	性别	N	均值	标准差	均值的标准误	t	p
家庭压力	男	222	12.963	3.977	0.267	−2.722	0.007
	女	399	13.875	4.012	0.201		
健康压力	男	222	7.174	2.496	0.167	−2.005	0.046
	女	399	7.608	2.740	0.137		
适应压力	男	222	7.313	2.574	0.173	−0.650	0.516
	女	399	7.457	2.679	0.134		
恋爱压力	男	222	10.500	4.409	0.296	4.230	0.000
	女	399	9.065	3.318	0.166		
自卑压力	男	222	6.251	2.335	0.157	−0.224	0.823
	女	399	6.293	2.188	0.110		
挫折压力	男	222	7.664	2.874	0.193	−0.945	0.345
	女	399	7.890	2.847	0.143		
人际压力	男	222	11.818	4.234	0.284	−2.195	0.029
	女	399	12.609	4.337	0.217		
择业压力	男	222	11.336	4.387	0.294	−0.504	0.615
	女	399	11.530	4.709	0.236		
学校环境压力	男	222	10.729	4.133	0.277	0.014	0.989
	女	399	10.724	3.765	0.188		
情绪压力	男	222	9.069	3.427	0.230	−1.659	0.098
	女	399	9.574	3.738	0.187		
学业压力	男	222	13.692	4.894	0.328	0.427	0.670
	女	399	13.520	4.753	0.238		
心理压力总分	男	222	108.510	30.387	2.039	−0.648	0.517
	女	399	110.145	29.991	1.501		

表5-2表明，贫困大学生的心理压力在家庭压力、健康压力、恋爱压力和

人际压力几个方面存在显著的性别差异，具体表现为贫困男大学生在家庭压力、健康压力和人际压力上显著低于贫困女大学生，而贫困男大学生的恋爱压力显著高于贫困女大学生。

(二) 是否为少数民族对贫困大学生心理压力的影响分析

以贫困大学生的心理压力各方面及总分为因变量、是否为少数民族为自变量进行独立样本t检验，结果如表5-3所示。

表5-3　贫困大学生心理压力的是否为少数民族差异

因变量	民族	N	均值	标准差	均值的标准误	t	p
家庭压力	少数民族	339	13.959	4.154	0.226	3.112	0.002
	汉族	286	12.968	3.807	0.225		
健康压力	少数民族	339	7.655	2.701	0.147	2.236	0.026
	汉族	286	7.180	2.582	0.153		
适应压力	少数民族	339	7.607	2.741	0.149	2.266	0.024
	汉族	286	7.132	2.494	0.147		
恋爱压力	少数民族	339	9.968	4.127	0.224	2.952	0.003
	汉族	286	9.089	3.313	0.196		
自卑压力	少数民族	339	6.396	2.286	0.124	1.646	0.100
	汉族	286	6.100	2.175	0.129		
挫折压力	少数民族	339	8.022	2.931	0.159	2.178	0.030
	汉族	286	7.525	2.730	0.161		
人际压力	少数民族	339	12.760	4.494	0.244	3.033	0.003
	汉族	286	11.727	4.024	0.238		
择业压力	少数民族	339	11.686	4.742	0.258	1.571	0.117
	汉族	286	11.110	4.349	0.257		
学校环境压力	少数民族	339	10.818	3.998	0.217	0.797	0.426
	汉族	286	10.568	3.777	0.223		
情绪压力	少数民族	339	9.726	3.775	0.205	2.745	0.006
	汉族	286	8.930	3.406	0.201		
学业压力	少数民族	339	13.728	4.844	0.263	0.945	0.345
	汉族	286	13.362	4.773	0.282		
心理压力总分	少数民族	339	112.325	31.312	1.701	2.781	0.006
	汉族	286	105.692	28.292	1.673		

表5-3表明，贫困大学生的家庭压力、健康压力、适应压力、恋爱压力、挫折压力、人际压力、情绪压力、心理压力总分上均存在显著的是否为少数民族差异，在其他方面却不存在显著差异。具体表现为，少数民族贫困生的家庭压力、健康压力、适应压力、恋爱压力、挫折压力、人际压力、情绪压力、心理压力总体均显著高于汉族贫困大学生。

(三) 生源地类型对贫困大学生心理压力的影响分析

以贫困大学生的心理压力各方面及总分为因变量、生源地类型为自变量进行独立样本t检验，结果如表5-4所示。

表5-4 贫困大学生心理压力的生源地类型差异

因变量	生源地	N	均值	标准差	均值的标准误	t	p
家庭压力	农村	585	13.520	4.002	0.165	0.309	0.757
	城市	36	13.306	4.458	0.743		
健康压力	农村	585	7.418	2.644	0.109	−1.031	0.303
	城市	36	7.889	2.935	0.489		
适应压力	农村	585	7.422	2.630	0.109	0.867	0.386
	城市	36	7.028	2.883	0.481		
恋爱压力	农村	585	9.581	3.787	0.157	0.336	0.737
	城市	36	9.361	4.128	0.688		
自卑压力	农村	585	6.275	2.231	0.092	0.498	0.619
	城市	36	6.083	2.419	0.403		
挫折压力	农村	585	7.804	2.849	0.118	0.566	0.572
	城市	36	7.528	2.720	0.453		
人际压力	农村	585	12.326	4.224	0.175	0.641	0.521
	城市	36	11.851	5.599	0.933		
择业压力	农村	585	11.500	4.582	0.189	1.813	0.070
	城市	36	10.083	3.945	0.658		
学校环境压力	农村	585	10.697	3.876	0.160	−0.286	0.775
	城市	36	10.889	4.452	0.742		
情绪压力	农村	585	9.395	3.598	0.149	0.455	0.649
	城市	36	9.111	4.221	0.703		
学业压力	农村	585	13.611	4.794	0.198	0.807	0.420
	城市	36	12.945	4.934	0.822		

(续表)

因变量	生源地	N	均值	标准差	均值的标准误	t	p
心理压力总分	农村	585	109.548	29.688	1.227	0.671	0.502
	城市	36	106.074	36.660	6.110		

表5-4表明，贫困大学生的心理压力各方面及总体上均不存在显著的生源地类型差异，贫困大学生所在的生源地类型对心理压力方面表现影响非常小。

(四) 年级对贫困大学生心理压力的影响分析

以贫困大学生的心理压力各方面及总分为因变量、年级为自变量进行单因素方差分析。描述统计结果如表5-5所示，方差分析结果如表5-6所示。

表5-5　贫困大学生心理压力的年级差异描述统计结果

因变量	年级	N	均值	标准差	标准误	极小值	极大值
家庭压力	大一	191	13.884	3.787	0.274	8.00	32.00
	大二	288	13.725	4.174	0.246	8.00	31.00
	大三	146	12.639	3.931	0.325	8.00	27.00
	总数	625	13.520	4.026	0.161	8.00	32.00
健康压力	大一	191	7.328	2.604	0.188	5.00	21.00
	大二	288	7.537	2.629	0.155	5.00	16.00
	大三	146	7.411	2.791	0.231	5.00	18.00
	总数	625	7.444	2.657	0.106	5.00	21.00
适应压力	大一	191	7.497	2.542	0.184	5.00	19.00
	大二	288	7.519	2.718	0.160	5.00	18.00
	大三	146	7.016	2.580	0.214	5.00	16.00
	总数	625	7.395	2.637	0.105	5.00	19.00
恋爱压力	大一	191	9.170	3.410	0.247	6.00	25.00
	大二	288	9.855	3.871	0.228	6.00	26.00
	大三	146	9.514	4.103	0.340	6.00	23.00
	总数	625	9.566	3.799	0.152	6.00	26.00
自卑压力	大一	191	6.155	2.139	0.155	4.00	14.00
	大二	288	6.492	2.285	0.135	4.00	15.00
	大三	146	5.971	2.240	0.185	4.00	13.00
	总数	625	6.267	2.238	0.090	4.00	15.00

(续表)

因变量	年级	*N*	均值	标准差	标准误	极小值	极大值
挫折压力	大一	191	7.819	2.776	0.201	5.00	18.00
	大二	288	7.868	2.836	0.167	5.00	18.00
	大三	146	7.629	2.990	0.247	5.00	18.00
	总数	625	7.797	2.852	0.114	5.00	18.00
人际压力	大一	191	11.923	3.847	0.278	7.00	25.00
	大二	288	12.749	4.132	0.243	7.00	27.00
	大三	146	11.922	5.108	0.423	7.00	31.00
	总数	625	12.303	4.312	0.172	7.00	31.00
择业压力	大一	191	10.928	4.588	0.332	5.00	25.00
	大二	288	12.143	4.711	0.278	5.00	24.00
	大三	146	10.739	4.165	0.345	5.00	25.00
	总数	625	11.444	4.590	0.184	5.00	25.00
学校环境压力	大一	191	10.374	3.666	0.265	5.00	21.00
	大二	288	11.108	4.053	0.239	5.00	25.00
	大三	146	10.357	3.831	0.317	5.00	23.00
	总数	625	10.708	3.898	0.156	5.00	25.00
情绪压力	大一	191	9.120	3.325	0.241	5.00	23.00
	大二	288	9.602	3.739	0.220	5.00	22.00
	大三	146	9.247	3.805	0.315	5.00	22.00
	总数	625	9.372	3.634	0.145	5.00	23.00
学业压力	大一	191	13.142	4.453	0.322	7.00	26.00
	大二	288	14.067	4.920	0.290	7.00	30.00
	大三	146	13.171	4.996	0.413	7.00	28.00
	总数	625	13.575	4.814	0.193	7.00	30.00
心理压力总分	大一	191	107.339	27.551	1.994	67.00	205.00
	大二	288	112.665	30.675	1.808	64.00	206.00
	大三	146	105.616	31.826	2.634	64.00	217.00
	总数	625	109.390	30.147	1.206	64.00	217.00

表5-6　贫困大学生心理压力的年级差异方差分析结果

因变量	年级	平方和	*df*	均方	*F*	显著性
家庭压力	组间	150.661	2	75.331	4.702	0.009
	组内	9 964.866	622	16.021		
	总数	10 115.527	624			

(续表)

因变量	年级	平方和	*df*	均方	*F*	显著性
健康压力	组间	5.234	2	2.617	0.370	0.691
	组内	4 401.553	622	7.076		
	总数	4 406.787	624			
适应压力	组间	27.301	2	13.650	1.968	0.141
	组内	4 313.303	622	6.935		
	总数	4 340.604	624			
恋爱压力	组间	54.442	2	27.221	1.892	0.152
	组内	8 951.074	622	14.391		
	总数	9 005.517	624			
自卑压力	组间	29.793	2	14.897	2.993	0.051
	组内	3 095.848	622	4.977		
	总数	3 125.641	624			
挫折压力	组间	5.681	2	2.841	0.349	0.706
	组内	5 069.862	622	8.151		
	总数	5 075.543	624			
人际压力	组间	105.868	2	52.934	2.864	0.058
	组内	11 494.857	622	18.480		
	总数	11 600.725	624			
择业压力	组间	264.285	2	132.143	6.379	0.002
	组内	12 884.989	622	20.715		
	总数	13 149.274	624			
学校环境压力	组间	85.470	2	42.735	2.829	0.060
	组内	9 396.483	622	15.107		
	总数	9 481.953	624			
情绪压力	组间	29.710	2	14.855	1.125	0.325
	组内	8 212.168	622	13.203		
	总数	8 241.878	624			
学业压力	组间	129.267	2	64.633	2.805	0.061
	组内	14 331.924	622	23.042		
	总数	14 461.191	624			
心理压力总分	组间	5 971.347	2	2 985.674	3.310	0.037
	组内	561 135.807	622	902.148		
	总数	567 107.154	624			

表5-6方差分析的结果表明，不同年级贫困大学生在家庭压力、择业压力和心理压力总体上均存在显著的年级差异，而在其他心理压力上不存在显著年级差异。为了具体分析各年级间心理压力的详细差异情况，采用LSD方法进行事后检验，结果如表5-7所示。

表5-7 不同年级贫困大学生心理压力的多重事后检验

因变量	(I) 年级	(J) 年级	均值差 (I-J)	标准误	显著性
家庭压力	大一	大二	0.159	0.374	0.670
		大三	1.245*	0.440	0.005
	大二	大一	−0.159	0.374	0.670
		大三	1.085*	0.407	0.008
	大三	大一	−1.245*	0.440	0.005
		大二	−1.085*	0.407	0.008
择业压力	大一	大二	−1.216*	0.425	0.004
		大三	0.189	0.500	0.706
	大二	大一	1.216*	0.425	0.004
		大三	1.404*	0.462	0.002
	大三	大一	−0.189	0.500	0.706
		大二	−1.404*	0.462	0.002
心理压力总分	大一	大二	−5.326	2.803	0.058
		大三	1.723	3.302	0.602
	大二	大一	5.326	2.803	0.058
		大三	7.049*	3.051	0.021
	大三	大一	−1.723	3.302	0.602
		大二	−7.049*	3.051	0.021

具体的事后检验分析得到，在家庭压力上，大一学生的家庭压力显著高于大三学生的家庭压力，大二学生的家庭压力显著高于大三学生；在择业压力方面，大一学生的择业压力显著低于大二学生的择业压力，大三学生的择业压力也显著低于大二学生的择业压力；而在心理压力总体上，表现为大二学生的心理压力总体显著高于大三学生的心理压力总体。不同年级贫困大学生心理压力总体的变化趋势如图5-3所示。

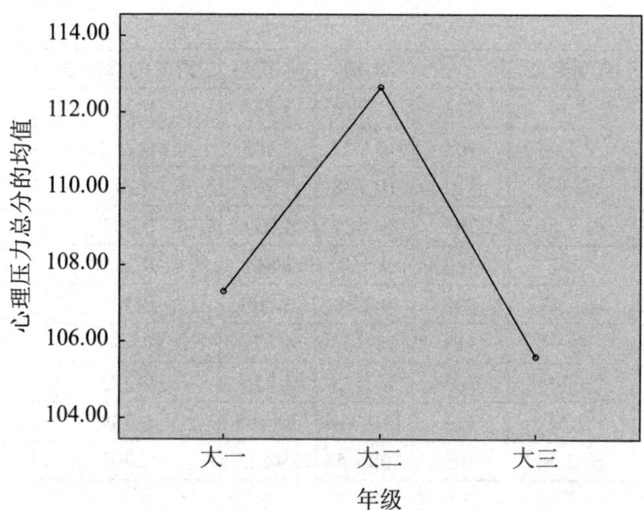

图5-3　不同年级贫困大学生心理压力总体的变化趋势

(五) 专业类型对贫困大学生心理压力的影响分析

以贫困大学生的心理压力各方面及总分为因变量、专业类型为自变量进行独立样本t检验，结果如表5-8所示。

表5-8　贫困大学生心理压力的专业差异

因变量	所学专业	N	均值	标准差	均值的标准误	t	p
家庭压力	文科	313	13.797	4.095	0.231	1.661	0.097
	理工科	305	13.258	3.972	0.227		
健康压力	文科	313	7.575	2.765	0.156	1.133	0.258
	理工科	305	7.332	2.558	0.146		
适应压力	文科	313	7.379	2.676	0.151	−0.063	0.950
	理工科	305	7.393	2.612	0.150		
恋爱压力	文科	313	9.719	4.000	0.226	0.895	0.371
	理工科	305	9.445	3.613	0.207		
自卑压力	文科	313	6.213	2.227	0.126	−0.626	0.532
	理工科	305	6.326	2.272	0.130		
挫折压力	文科	313	7.786	2.694	0.152	−0.267	0.789
	理工科	305	7.847	3.027	0.173		
人际压力	文科	313	12.499	4.316	0.244	1.172	0.242
	理工科	305	12.091	4.355	0.249		

(续表)

因变量	所学专业	*N*	均值	标准差	均值的标准误	*t*	*p*
择业压力	文科	313	11.726	4.734	0.268	1.805	0.072
	理工科	305	11.062	4.403	0.252		
学校环境压力	文科	313	10.738	3.792	0.214	0.182	0.856
	理工科	305	10.681	4.031	0.231		
情绪压力	文科	313	9.514	3.868	0.219	0.955	0.340
	理工科	305	9.234	3.409	0.195		
学业压力	文科	313	13.367	4.875	0.276	−1.052	0.293
	理工科	305	13.775	4.775	0.273		
心理压力总分	文科	313	110.314	30.766	1.739	0.767	0.443
	理工科	305	108.443	29.817	1.707		

表5-8表明，在贫困大学生群体中，不同专业类型的贫困大学生的心理压力各方面均不存在显著差异，专业不同对贫困大学生的心理压力影响非常小。

(六) 家庭人口数量对贫困大学生心理压力的影响分析

以贫困大学生的心理压力各方面及总分为因变量、家庭人口数量情况为自变量进行单因素方差分析。描述统计结果如表5-9所示，方差分析结果如表5-10所示。

表5-9　贫困大学生心理压力的家庭人口数量差异描述统计结果

因变量	家庭人口数量	*N*	均值	标准差	标准误	极小值	极大值
家庭压力	3人	72	13.500	4.014	0.473	8.00	24.00
	4～5人	379	13.285	3.938	0.202	8.00	31.00
	5人以上	173	14.006	4.179	0.318	8.00	32.00
	总数	624	13.509	4.021	0.161	8.00	32.00
健康压力	3人	72	7.681	3.089	0.364	5.00	21.00
	4～5人	379	7.210	2.324	0.119	5.00	17.00
	5人以上	173	7.854	3.082	0.234	5.00	18.00
	总数	624	7.443	2.660	0.106	5.00	21.00
适应压力	3人	72	7.153	2.342	0.276	5.00	14.00
	4～5人	379	7.299	2.689	0.138	5.00	19.00
	5人以上	173	7.696	2.642	0.201	5.00	19.00
	总数	624	7.392	2.641	0.106	5.00	19.00

(续表)

因变量	家庭人口数量	N	均值	标准差	标准误	极小值	极大值
恋爱压力	3人	72	10.083	4.424	0.521	6.00	23.00
	4～5人	379	9.405	3.537	0.182	6.00	24.00
	5人以上	173	9.684	4.056	0.308	6.00	26.00
	总数	624	9.561	3.797	0.152	6.00	26.00
自卑压力	3人	72	6.164	2.292	0.270	4.00	13.00
	4～5人	379	6.130	2.127	0.109	4.00	13.00
	5人以上	173	6.600	2.432	0.185	4.00	15.00
	总数	624	6.264	2.241	0.090	4.00	15.00
挫折压力	3人	72	7.556	2.494	0.294	5.00	14.00
	4～5人	379	7.732	2.899	0.149	5.00	18.00
	5人以上	173	8.041	2.871	0.218	5.00	15.00
	总数	624	7.797	2.848	0.114	5.00	18.00
人际压力	3人	72	11.557	4.015	0.473	7.00	27.00
	4～5人	379	12.130	4.273	0.220	7.00	27.00
	5人以上	173	12.944	4.434	0.337	7.00	31.00
	总数	624	12.289	4.306	0.172	7.00	31.00
择业压力	3人	72	10.102	3.925	0.463	5.00	25.00
	4～5人	379	11.434	4.577	0.235	5.00	25.00
	5人以上	173	12.043	4.768	0.363	5.00	25.00
	总数	624	11.449	4.588	0.184	5.00	25.00
学校环境压力	3人	72	9.822	3.518	0.415	5.00	23.00
	4～5人	379	10.694	4.036	0.207	5.00	25.00
	5人以上	173	11.130	3.676	0.279	5.00	21.00
	总数	624	10.714	3.894	0.156	5.00	25.00
情绪压力	3人	72	8.870	3.247	0.383	5.00	20.00
	4～5人	379	9.207	3.535	0.182	5.00	22.00
	5人以上	173	9.932	3.924	0.298	5.00	23.00
	总数	624	9.369	3.629	0.145	5.00	23.00
学业压力	3人	72	12.946	4.498	0.530	7.00	28.00
	4～5人	379	13.392	4.764	0.245	7.00	30.00
	5人以上	173	14.223	4.996	0.380	7.00	29.00
	总数	624	13.571	4.812	0.193	7.00	30.00
心理压力总分	3人	72	105.434	28.738	3.387	66.00	217.00
	4～5人	379	107.917	29.854	1.534	64.00	206.00
	5人以上	173	114.153	30.831	2.344	66.00	205.00
	总数	624	109.359	30.112	1.205	64.00	217.00

表5-10 贫困大学生心理压力的家庭人口数量差异方差分析结果

因变量	家庭人口数量	平方和	*df*	均方	*F*	显著性
家庭压力	组间	61.837	2	30.919	1.918	0.148
	组内	10 011.630	621	16.122		
	总数	10 073.468	623			
健康压力	组间	53.855	2	26.927	3.842	0.022
	组内	4 352.622	621	7.009		
	总数	4 406.477	623			
适应压力	组间	23.372	2	11.686	1.679	0.187
	组内	4 322.550	621	6.961		
	总数	4 345.922	623			
恋爱压力	组间	31.497	2	15.749	1.093	0.336
	组内	8 948.208	621	14.409		
	总数	8 979.706	623			
自卑压力	组间	27.074	2	13.537	2.710	0.067
	组内	3 101.559	621	4.994		
	总数	3 128.633	623			
挫折压力	组间	16.107	2	8.054	0.993	0.371
	组内	5 035.394	621	8.109		
	总数	5 051.502	623			
人际压力	组间	122.392	2	61.196	3.325	0.037
	组内	11 428.580	621	18.404		
	总数	11 550.972	623			
择业压力	组间	191.612	2	95.806	4.604	0.010
	组内	12 921.785	621	20.808		
	总数	13 113.397	623			
学校环境压力	组间	87.363	2	43.682	2.898	0.056
	组内	9 360.816	621	15.074		
	总数	9 448.179	623			
情绪压力	组间	82.815	2	41.407	3.167	0.043
	组内	8 120.407	621	13.076		
	总数	8 203.222	623			
学业压力	组间	113.741	2	56.870	2.468	0.086
	组内	14 309.559	621	23.043		
	总数	14 423.300	623			
心理压力总分	组间	5 872.838	2	2 936.419	3.262	0.039
	组内	559 040.143	621	900.226		
	总数	564 912.980	623			

表5-10表明，根据方差分析结果得到，不同家庭人口数量贫困大学生在健康压力、人际压力、择业压力、情绪压力和心理压力总体上均存在显著差异。为了具体分析各家庭人口数量贫困大学生间心理压力相关方面的详细差异情况，采用LSD方法进行事后检验，结果如表5-11所示。

表5-11　不同家庭人口数量贫困大学生心理压力的多重事后检验

因变量	(I) 家庭人口	(J) 家庭人口	均值差 (I-J)	标准误	显著性
健康压力	3人	4～5人	0.470	0.340	0.167
		5人以上	-0.173	0.371	0.641
	4～5人	3人	-0.470	0.340	0.167
		5人以上	-0.644*	0.243	0.008
	5人以上	3人	0.173	0.371	0.641
		4～5人	0.644*	0.243	0.008
人际压力	3人	4～5人	-0.573	0.552	0.299
		5人以上	-1.387*	0.602	0.021
	4～5人	3人	0.573	0.552	0.299
		5人以上	-0.814*	0.394	0.039
	5人以上	3人	1.387*	0.602	0.021
		4～5人	0.814*	0.394	0.039
择业压力	3人	4～5人	-1.332*	0.586	0.023
		5人以上	-1.940*	0.640	0.003
	4～5人	3人	1.332*	0.586	0.023
		5人以上	-0.608	0.419	0.147
	5人以上	3人	1.940*	0.640	0.003
		4～5人	0.608	0.419	0.147
情绪压力	3人	4～5人	-0.337	0.465	0.469
		5人以上	-1.062*	0.507	0.037
	4～5人	3人	0.337	0.465	0.469
		5人以上	-0.726*	0.332	0.029
	5人以上	3人	1.062*	0.507	0.037
		4～5人	0.726*	0.332	0.029
心理压力总分	3人	4～5人	-2.483	3.857	0.520
		5人以上	-8.719*	4.208	0.039
	4～5人	3人	2.483	3.857	0.520
		5人以上	-6.236*	2.753	0.024

(续表)

因变量	(I) 家庭人口	(J) 家庭人口	均值差 (I−J)	标准误	显著性
心理压力总分	5人以上	3人	8.719*	4.208	0.039
		4～5人	6.236*	2.753	0.024

表5-11具体的事后检验分析得到，家庭人口数量为4～5人的贫困大学生的健康压力显著低于5人以上的家庭人口数量的贫困大学生；人际压力方面，家庭人口数量为5人以上的贫困大学生的人际压力显著高于家庭人口数量为3人、4～5人的贫困大学生的人际压力；择业压力方面，家庭人口数量仅为3人的贫困大学生的择业压力显著低于家庭人口数量为4～5人、5人以上的贫困大学生的择业压力；情绪压力方面，家庭人口数量为5人以上的贫困大学生的情绪压力显著高于家庭人口数量为3人、4～5人的贫困大学生的情绪压力；最后，在心理压力总体上，家庭人口数量为5人以上的贫困大学生的心理压力总体显著高于家庭人口数量为3人、4～5人的贫困大学生的心理压力总体。不同家庭人口数量贫困大学生心理压力总体的变化趋势，如图5-4所示。

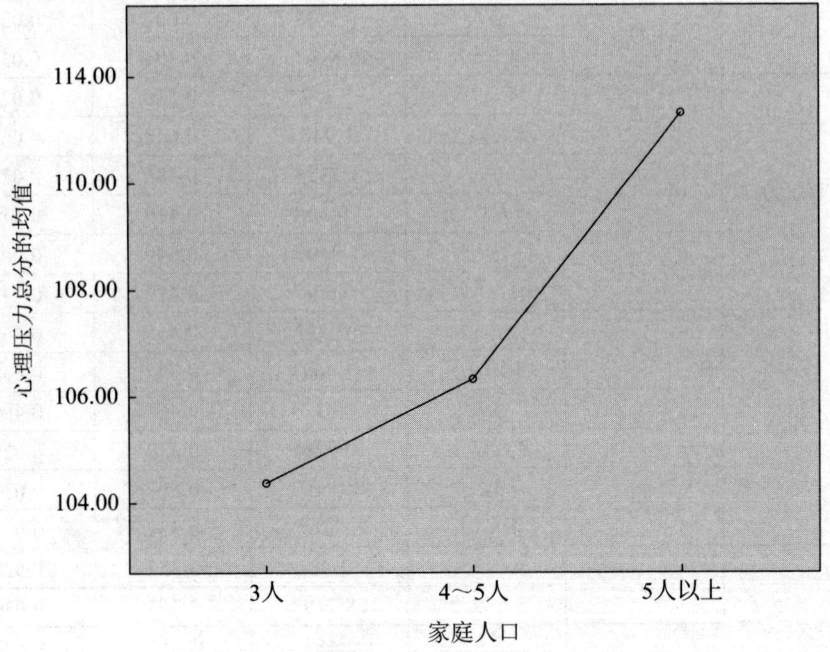

图5-4　不同家庭人口数量贫困大学生心理压力总体的变化趋势

(七) 在读学历层次对贫困大学生心理压力的影响分析

以贫困大学生的心理压力各方面及总分为因变量、在读学历层次为自变量进行独立样本t检验，结果如表5-12所示。

表5-12　贫困大学生心理压力的在读学历层次差异

因变量	学历	N	均值	标准差	均值的标准误	t	p
家庭压力	本科	566	13.512	4.065	0.171	−0.052	0.958
	专科	58	13.541	3.671	0.482		
健康压力	本科	566	7.409	2.669	0.112	−0.860	0.390
	专科	58	7.724	2.522	0.331		
适应压力	本科	566	7.362	2.630	0.111	−1.015	0.310
	专科	58	7.732	2.725	0.358		
恋爱压力	本科	566	9.546	3.807	0.160	−0.308	0.758
	专科	58	9.707	3.751	0.493		
自卑压力	本科	566	6.237	2.222	0.093	−1.021	0.308
	专科	58	6.552	2.407	0.316		
挫折压力	本科	566	7.829	2.902	0.122	0.893	0.374
	专科	58	7.534	2.340	0.307		
人际压力	本科	566	12.237	4.327	0.182	−1.127	0.260
	专科	58	12.908	4.237	0.556		
择业压力	本科	566	11.243	4.558	0.192	−3.481	0.001
	专科	58	13.428	4.498	0.591		
学校环境压力	本科	566	10.731	3.920	0.165	0.269	0.788
	专科	58	10.586	3.680	0.483		
情绪压力	本科	566	9.322	3.642	0.153	−1.008	0.314
	专科	58	9.828	3.579	0.470		
学业压力	本科	566	13.594	4.855	0.204	0.497	0.620
	专科	58	13.264	4.425	0.581		
心理压力总分	本科	566	109.020	30.202	1.269	−0.909	0.364
	专科	58	112.801	29.891	3.925		

表5-12表明，在大学生群体中，在读本科层次和专科层次贫困大学生仅在择业压力方面表现出显著的心理压力，而在心理压力其他方面却不存在显著差异。具体表现为，在读本科层次的贫困大学生的择业压力显著低于在读专科的贫困大学生的择业压力。

第六章

民族地区高校贫困生社会支持现状调查研究

一、贫困大学生社会支持总体状况调查分析

通过描述统计得到贫困大学生社会支持现状，如表6-1所示。

表6-1　贫困大学生社会支持的描述统计

因变量	N	极小值	极大值	均值	标准差
主观支持	626	9.00	32.00	23.003	3.799
客观支持	626	3.00	18.00	8.404	2.174
支持利用度	626	3.00	12.00	8.301	1.711
社会支持总分	626	22.00	58.00	39.709	5.775

根据贫困大学生学业目标定向总体的具体得分情况绘制出次数分布的直方图，直方图显示贫困大学生的社会支持总体上基本服从正态分布，如图6-1所示。

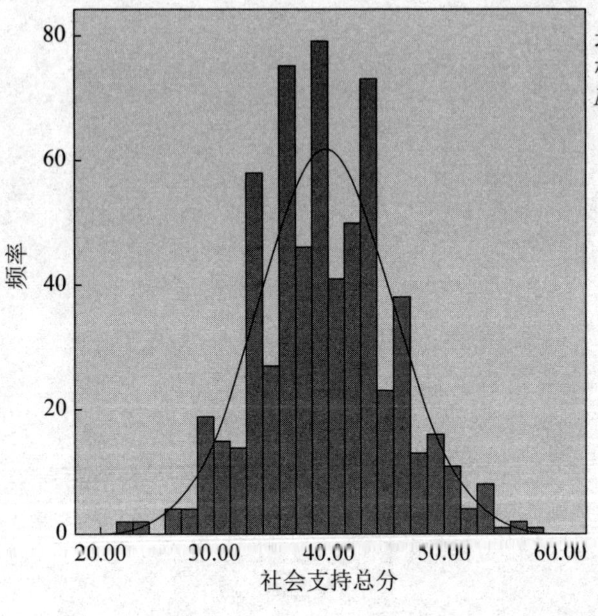

图6-1　贫困大学生社会支持总体的分布情况

二、贫困大学生社会支持中主观支持的人口学变量影响调查分析

(一) 性别对贫困大学生社会支持中主观支持的影响分析

以贫困大学生的主观支持为因变量、性别为自变量进行独立样本t检验，结果如表6-2所示。

表6-2　贫困大学生社会支持中主观支持的性别差异

因变量	性别	*N*	均值	标准差	均值的标准误	*t*	*p*
主观支持	男	222	23.279	3.853	0.259	1.379	0.169
	女	399	22.840	3.771	0.189		

表6-2表明，贫困大学生的主观支持不存在显著的性别差异，但男生的主观支持得分略高于女生。

(二) 是否为少数民族对贫困大学生社会支持中主观支持的影响分析

以贫困大学生的主观支持为因变量、是否为少数民族为自变量进行独立样本t检验，结果如表6-3所示。

表6-3　贫困大学生社会支持中主观支持的是否为少数民族差异

因变量	民族	*N*	均值	标准差	均值的标准误	*t*	*p*
主观支持	少数民族	339	23.077	3.948	0.214	0.434	0.665
	汉族	286	22.945	3.597	0.213		

表6-3表明，贫困大学生的主观支持不存在显著的是否为少数民族差异。

(三) 生源地类型对贫困大学生社会支持中主观支持的影响分析

以贫困大学生的主观支持为因变量、生源地类型为自变量进行独立样本t检验，结果如表6-4所示。

表6-4　贫困大学生社会支持中主观支持的生源地类型差异

因变量	生源地	*N*	均值	标准差	均值的标准误	*t*	*p*
主观支持	农村	585	23.062	3.791	0.157	1.032	0.302
	城市	36	22.389	3.886	0.648		

表6-4表明，贫困大学生的主观支持在生源地类型方面不存在显著差异，贫困大学生所在的生源地类型对主观支持方面表现影响非常小。

(四) 年级对贫困大学生社会支持中主观支持的影响分析

以贫困大学生的主观支持为因变量、年级为自变量进行单因素方差分析。描述统计结果如表6-5所示，方差分析结果如表6-6所示。

表6-5　贫困大学生社会支持中主观支持的年级差异描述统计结果

因变量	年级	*N*	均值	标准差	标准误	极小值	极大值
主观支持	大一	191	23.361	3.856	0.279	13.00	32.00
	大二	288	22.549	3.777	0.223	9.00	32.00
	大三	146	23.418	3.706	0.307	15.00	32.00
	总数	625	23.000	3.802	0.152	9.00	32.00

表6-6　贫困大学生社会支持中主观支持的年级差异方差分析结果

因变量	年级	平方和	*df*	均方	*F*	显著性
主观支持	组间	108.949	2	54.475	3.803	0.023
	组内	8 909.536	622	14.324		
	总数	9 018.485	624			

表6-6表明，根据方差分析结果得到，不同年级贫困大学生在主观支持上存在显著差异。

为了具体分析各年级间主观支持相关方面的详细差异情况，采用LSD方法进行事后检验，结果如表6-7所示。

表6-7　不同年级贫困大学生社会支持中主观支持方面的多重事后检验

因变量	(I) 年级	(J) 年级	均值差 (I-J)	标准误	显著性
主观支持	大一	大二	0.812*	0.353	0.022
		大三	−0.057	0.416	0.892
	大二	大一	−0.812*	0.353	0.022
		大三	−0.869*	0.385	0.024

(续表)

因变量	(I) 年级	(J) 年级	均值差 (I-J)	标准误	显著性
主观支持	大三	大一	0.057	0.416	0.892
		大二	0.869*	0.385	0.024

表6-7具体的事后检验分析得到，大一贫困生的主观支持显著高于大二贫困生，同时大三贫困生的主观支持也显著高于大二贫困生。不同年级贫困大学生主观支持总体的具体变化趋势，如图6-2所示。

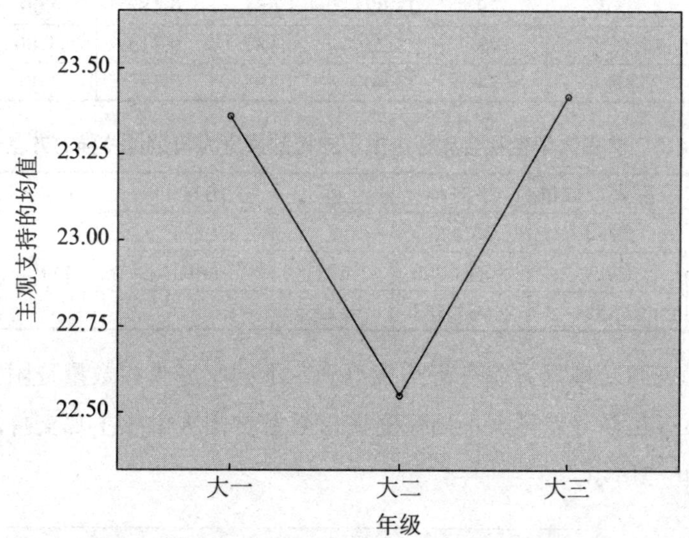

图6-2　不同年级贫困大学生主观支持的变化趋势

(五) 专业类型对贫困大学生社会支持中主观支持的影响分析

以贫困大学生的主观支持为因变量、专业类型为自变量进行独立样本t检验统计分析，结果如表6-8所示。

表6-8　贫困大学生社会支持中主观支持的专业类型差异

因变量	所学专业	N	均值	标准差	均值的标准误	t	p
主观支持	文科	313	22.930	3.741	0.211	−0.486	0.627
	理工科	305	23.078	3.845	0.220		

表6-8表明，在贫困大学生群体中，不同专业类型的贫困大学生的主观支持不存在显著差异。

(六) 家庭人口数量对贫困大学生社会支持中主观支持的影响分析

以贫困大学生的主观支持为因变量、家庭人口数量情况为自变量进行单因素方差分析。描述统计结果如表6-9所示，方差分析结果如表6-10所示。

表6-9　贫困大学生社会支持中主观支持的家庭人口数量差异的描述统计结果

因变量	家庭人口数量	*N*	均值	标准差	标准误	极小值	极大值
主观支持	3人	72	22.361	3.678	0.433	16.00	31.00
	4～5人	379	23.021	3.651	0.188	9.00	32.00
	5人以上	173	23.226	4.137	0.315	11.00	32.00
	总数	624	23.002	3.797	0.152	9.00	32.00

表6-10　贫困大学生社会支持中主观支持的家庭人口数量差异的方差分析结果

因变量	家庭人口数量	平方和	*df*	均方	*F*	显著性
主观支持	组间	38.423	2	19.211	1.334	0.264
	组内	8 943.060	621	14.401		
	总数	8 981.483	623			

表6-10表明，根据方差分析结果得到，不同家庭人口数量贫困大学生在主观支持上不存在显著差异。不同家庭人口数量贫困大学生主观支持的具体变化趋势，如图6-3所示。

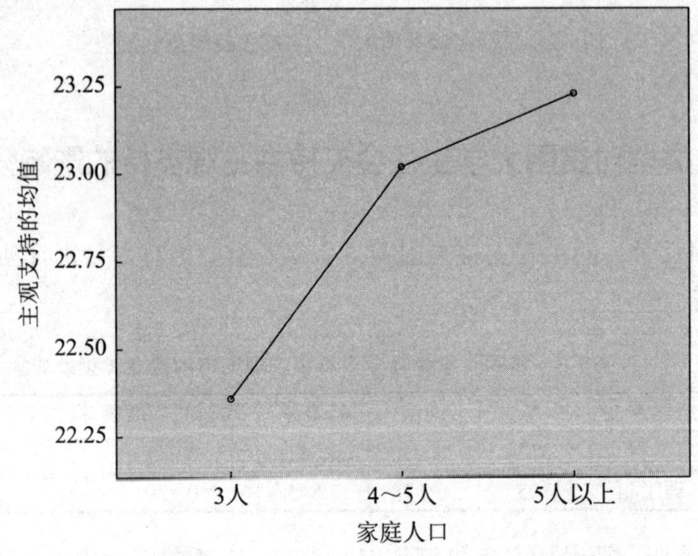

图6-3　不同家庭人口数量贫困大学生主观支持的变化趋势

（七）在读学历层次对贫困大学生社会支持中主观支持的影响分析

以贫困大学生的主观支持为因变量、在读学历层次为自变量进行独立样本*t*检验，结果如表6-11所示。

表6-11　贫困大学生社会支持的在读学历层次差异

因变量	学历	*N*	均值	标准差	均值的标准误	*t*	*p*
主观支持	本科	566	23.013	3.808	0.160	0.090	0.929
	专科	58	22.966	3.807	0.500		

表6-11表明，在大学生群体中，在读学历为本科和专科的贫困大学生的主观支持不存在显著差异，本科贫困生和专科贫困生在客观支持上的差异非常小。

三、贫困大学生社会支持中客观支持的人口学变量影响调查分析

（一）性别对贫困大学生社会支持中客观支持的影响分析

以贫困大学生的客观支持为因变量、性别为自变量进行独立样本*t*检验，结果如表6-12所示。

表6-12　贫困大学生社会支持中客观支持的性别差异

因变量	性别	*N*	均值	标准差	均值的标准误	*t*	*p*
客观支持	男	222	8.644	2.172	0.146	1.986	0.047
	女	399	8.283	2.169	0.109		

表6-12表明，贫困大学生的客观支持存在显著的性别差异，即调查结果显示，贫困男大学生的客观支持显著高于贫困女大学生的客观支持。

（二）是否为少数民族对贫困大学生社会支持中客观支持的影响分析

以贫困大学生的客观支持为因变量、是否为少数民族为自变量进行独立样

本t检验，结果如表6-13所示。

表6-13 贫困大学生社会支持中客观支持的是否为少数民族差异

因变量	民族	N	均值	标准差	均值的标准误	t	p
客观支持	少数民族	339	8.404	2.177	0.118	−0.048	0.961
	汉族	286	8.413	2.173	0.128		

表6-13表明，贫困大学生的客观支持不存在显著的是否为少数民族差异。

(三) 生源地类型对贫困大学生社会支持中客观支持的影响分析

以贫困大学生的客观支持为因变量、生源地类型为自变量进行独立样本t检验，结果如表6-14所示。

表6-14 贫困大学生社会支持中客观支持的生源地类型差异

因变量	生源地	N	均值	标准差	均值的标准误	t	p
客观支持	农村	585	8.417	2.161	0.089	0.150	0.881
	城市	36	8.361	2.428	0.405		

表6-14表明，贫困大学生的客观支持在生源地类型方面不存在显著差异，贫困大学生所在的生源地类型对社会支持方面表现影响非常小。

(四) 年级对贫困大学生社会支持中客观支持的影响分析

以贫困大学生的客观支持为因变量、年级为自变量进行单因素方差分析。描述统计结果如表6-15所示，方差分析结果如表6-16所示。

表6-15 贫困大学生社会支持中客观支持的年级差异描述统计结果

因变量	年级	N	均值	标准差	标准误	极小值	极大值
客观支持	大一	191	8.445	2.230	0.161	3.00	18.00
	大二	288	8.406	2.058	0.121	5.00	15.00
	大三	146	8.342	2.335	0.193	3.00	16.00
	总数	625	8.403	2.175	0.087	3.00	18.00

表6-16　贫困大学生社会支持中客观支持的年级差异方差分析结果

因变量	年级	平方和	*df*	均方	*F*	显著性
客观支持	组间	0.875	2	0.438	0.092	0.912
	组内	2 951.514	622	4.745		
	总数	2 952.390	624			

表6-16表明，根据方差分析结果得到，不同年级贫困大学生在客观支持上不存在显著的年级差异。

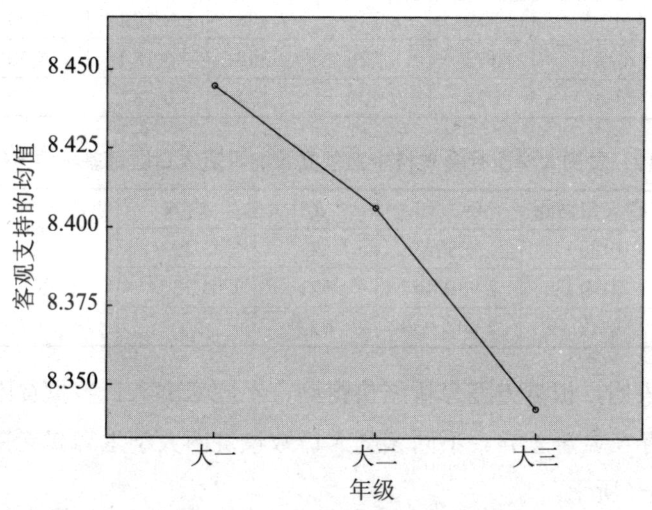

图6-4　不同年级贫困大学生客观支持的变化趋势

(五) 专业类型对贫困大学生社会支持中客观支持的影响分析

以贫困大学生的客观支持为因变量、专业类型为自变量进行独立样本t检验统计分析，结果如表6-17所示。

表6-17　贫困大学生社会支持中客观支持的专业类型差异

因变量	所学专业	*N*	均值	标准差	均值的标准误	*t*	*p*
客观支持	文科	313	8.594	2.136	0.121	2.049	0.041
	理工科	305	8.236	2.210	0.127		

表6-17表明，在贫困大学生群体中，不同专业类型的贫困大学生在客观支持上存在显著的专业类型差异，具体表现为，文科贫困生的客观支持高于理工科贫困生的客观支持。

(六) 家庭人口数量对贫困大学生社会支持中客观支持的影响分析

以贫困大学生的客观支持为因变量、家庭人口数量情况为自变量进行单因素方差分析。描述统计结果如表6-18所示，方差分析结果如表6-19所示。

表6-18 贫困大学生社会支持中客观支持的家庭人口数量差异的描述统计结果

因变量	家庭人口数量	*N*	均值	标准差	标准误	极小值	极大值
客观支持	3人	72	8.458	2.048	0.241	5.00	16.00
	4～5人	379	8.335	2.108	0.108	3.00	18.00
	5人以上	173	8.526	2.364	0.180	4.00	16.00
	总数	624	8.402	2.174	0.087	3.00	18.00

表6-19 贫困大学生社会支持中客观支持的家庭人口数量差异的方差分析结果

因变量	家庭人口数量	平方和	*df*	均方	*F*	显著性
客观支持	组间	4.586	2	2.293	0.484	0.616
	组内	2 939.447	621	4.733		
	总数	2 944.033	623			

表6-19表明，根据方差分析结果得到，不同家庭人口数量贫困大学生在客观支持上不存在显著差异。不同家庭人口数量贫困大学生客观支持的具体变化趋势，如图6-5所示。

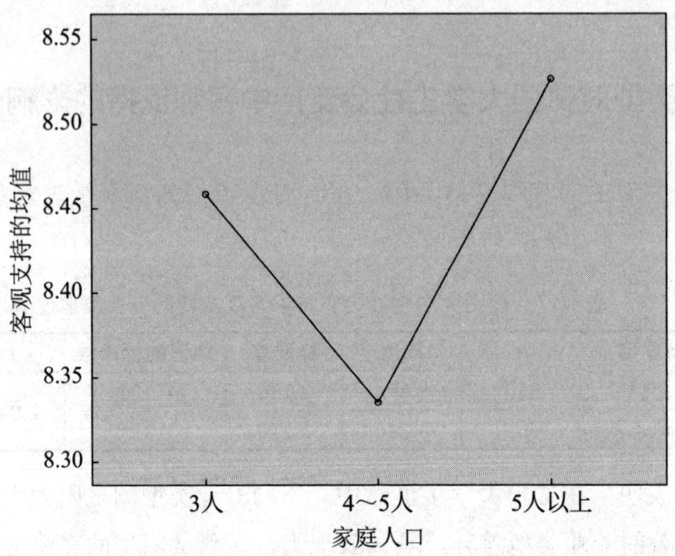

图6-5 不同家庭人口数量贫困大学生客观支持的变化趋势

(七) 在读学历层次对贫困大学生社会支持中客观支持的影响分析

以贫困大学生的客观支持为因变量、在读学历层次为自变量进行独立样本t检验，结果如表6-20所示。

表6-20 贫困大学生社会支持中客观支持的在读学历层次差异

因变量	学历	N	均值	标准差	均值的标准误	t	p
客观支持	本科	566	8.392	2.188	0.092	-0.244	0.807
	专科	58	8.466	2.054	0.270	-0.257	0.798

表6-20表明，在大学生群体中，在读学历为本科和专科的贫困大学生的客观支持不存在显著差异，本科贫困生和专科贫困生在客观支持上的差异非常小。

四、贫困大学生社会支持中支持利用度的人口学变量影响调查分析

(一) 性别对贫困大学生社会支持中支持利用度的影响分析

以贫困大学生的支持利用度为因变量、性别为自变量进行独立样本t检验，结果如表6-21所示。

表6-21 贫困大学生社会支持中支持利用度的性别差异

因变量	性别	N	均值	标准差	均值的标准误	t	p
支持利用度	男	222	8.289	1.776	0.119	-0.114	0.909
	女	399	8.305	1.674	0.084		

表6-21表明，贫困大学生在支持利用度上不存在显著的性别差异。

(二) 是否为少数民族对贫困大学生社会支持中支持利用度的影响分析

以贫困大学生的支持利用度为因变量、是否为少数民族为自变量进行独立样本t检验，结果如表6-22所示。

表6-22 贫困大学生社会支持中支持利用度的是否为少数民族差异

因变量	民族	*N*	均值	标准差	均值的标准误	*t*	*p*
支持利用度	少数民族	339	8.203	1.679	0.091	-1.608	0.108
	汉族	286	8.423	1.746	0.103		

表6-22表明，贫困大学生在支持利用度上不存在显著的是否为少数民族差异。

(三) 生源地类型对贫困大学生社会支持中支持利用度的影响分析

以贫困大学生的支持利用度为因变量、生源地类型为自变量进行独立样本*t*检验。结果如表6-23所示。

表6-23 贫困大学生社会支持中支持利用度的生源地类型差异

因变量	生源地	*N*	均值	标准差	均值的标准误	*t*	*p*
支持利用度	农村	585	8.324	1.723	0.071	1.290	0.197
	城市	36	7.945	1.530	0.255		

表6-23表明，贫困大学生在支持利用度上不存在显著的生源地类型方面差异，贫困大学生所在的生源地类型对支持利用度的影响非常小。

(四) 年级对贫困大学生社会支持中支持利用度的影响分析

以贫困大学生的支持利用度为因变量、年级为自变量进行单因素方差分析。描述统计结果如表6-24所示，方差分析结果如表6-25所示。

表6-24 贫困大学生社会支持中支持利用度的年级差异描述统计结果

因变量	年级	*N*	均值	标准差	标准误	极小值	极大值
支持利用度	大一	191	8.662	1.832	0.133	3.00	12.00
	大二	288	8.109	1.635	0.096	5.00	12.00
	大三	146	8.212	1.639	0.136	5.00	12.00
	总数	625	8.302	1.713	0.069	3.00	12.00

表6-25 贫困大学生社会支持中支持利用度的年级差异方差分析结果

因变量	年级	平方和	*df*	均方	*F*	显著性
支持利用度	组间	36.645	2	18.323	6.354	0.002
	组内	1 793.714	622	2.884		
	总数	1 830.359	624			

表6-25表明，根据方差分析结果得到，不同年级贫困大学生在支持利用度上存在显著差异。

为了具体分析各年级间支持利用度的详细差异情况，采用LSD方法进行事后检验，结果如表6-26所示。

表6-26　不同年级贫困大学生社会支持中支持利用度的多重事后检验

因变量	(I) 年级	(J) 年级	均值差 (I-J)	标准误	显著性
支持利用度	大一	大二	0.553*	0.158	0.001
		大三	0.450*	0.187	0.016
	大二	大一	-0.553*	0.158	0.001
		大三	-0.103	0.173	0.550
	大三	大一	-0.450*	0.187	0.016
		大二	0.103	0.173	0.550

表6-26具体的事后检验分析得到，支持利用度方面，大一贫困生的支持利用度显著高于大二和大三贫困生的支持利用度。不同年级贫困大学生支持利用度的具体变化趋势，如图6-6所示。

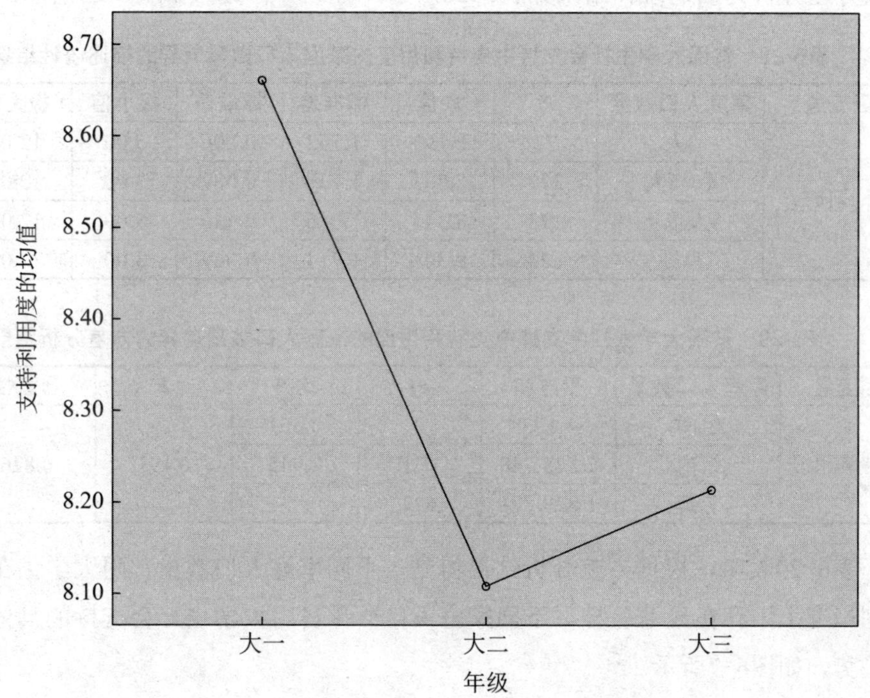

图6-6　不同年级贫困大学生支持利用度的变化趋势

(五) 专业类型对贫困大学生社会支持中支持利用度的影响分析

以贫困大学生的支持利用度为因变量、专业类型为自变量进行独立样本t检验统计分析，结果如表6-27所示。

表6-27　贫困大学生社会支持中支持利用度的专业类型差异

因变量	所学专业	N	均值	标准差	均值的标准误	t	p
支持利用度	文科	313	8.433	1.709	0.097	1.838	0.067
	理工科	305	8.180	1.709	0.098		

表6-27表明，在贫困大学生群体中，不同专业类型的贫困大学生的支持利用度不存在显著差异。

(六) 家庭人口数量对贫困大学生社会支持中支持利用度的影响分析

以贫困大学生的支持利用度为因变量、家庭人口数量情况为自变量进行单因素方差分析。描述统计结果如表6-28所示，方差分析结果如表6-29所示。

表6-28　贫困大学生社会支持中支持利用度的家庭人口数量差异的描述统计结果

因变量	家庭人口数量	N	均值	标准差	标准误	极小值	极大值
支持利用度	3人	72	8.193	1.752	0.206	5.00	12.00
	4～5人	379	8.303	1.736	0.089	3.00	12.00
	5人以上	173	8.341	1.656	0.126	5.00	12.00
	总数	624	8.301	1.714	0.069	3.00	12.00

表6-29　贫困大学生社会支持中支持利用度的家庭人口数量差异的方差分析结果

因变量	家庭人口数量	平方和	df	均方	F	显著性
支持利用度	组间	1.123	2	0.561	0.191	0.826
	组内	1 828.748	621	2.945		
	总数	1 829.871	623			

表6-29表明，根据方差分析结果得到，不同家庭人口数量贫困大学生在支持利用度上不存在显著差异。不同家庭人口数量贫困大学生社会支持的具体变化趋势，如图6-7所示。

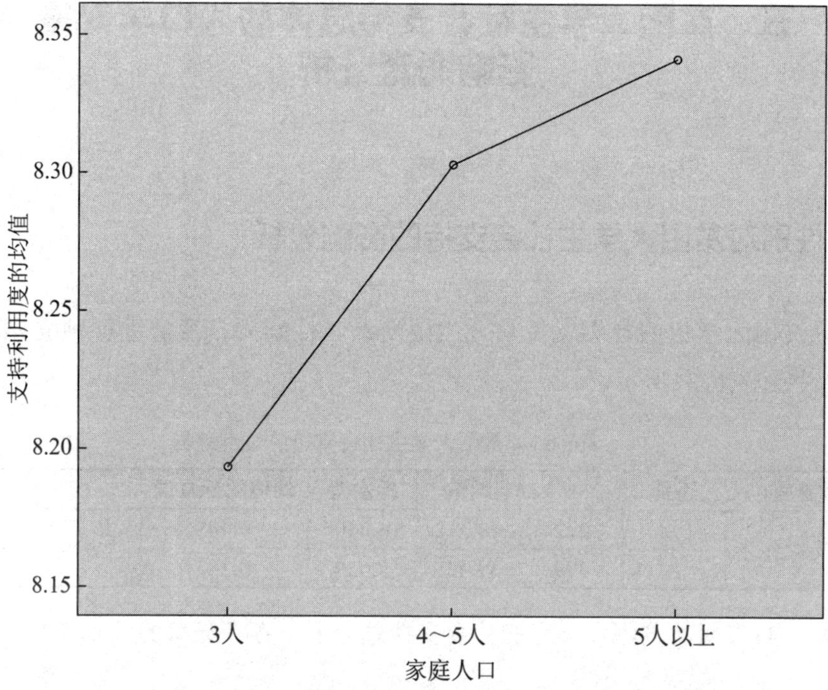

图6-7　不同家庭人口数量贫困大学生支持利用度的变化趋势

(七) 在读学历层次对贫困大学生社会支持中支持利用度的影响分析

以贫困大学生的支持利用度为因变量、在读学历层次为自变量进行独立样本t检验，结果如表6-30所示。

表6-30　贫困大学生社会支持中支持利用度的在读学历层次差异

因变量	学历	N	均值	标准差	均值的标准误	t	p
支持利用度	本科	566	8.301	1.713	0.072	0.134	0.893
	专科	58	8.269	1.655	0.217	0.138	0.891

表6-30表明，在大学生群体中，在读学历为本科和专科的贫困大学生的支持利用度不存在显著差异，本科贫困生和专科贫困生在支持利用度上的差异非常小。

五、贫困大学生社会支持总体的人口学变量影响调查分析

(一) 性别对贫困大学生社会支持的影响分析

以贫困大学生的社会支持总分为因变量、性别为自变量进行独立样本*t*检验，结果如表6-31所示。

表6-31　贫困大学生社会支持的性别差异

因变量	性别	*N*	均值	标准差	均值的标准误	*t*	*p*
社会支持总分	男	222	40.212	6.040	0.405	1.619	0.106
	女	399	39.428	5.629	0.282		

表6-31表明，贫困大学生的社会支持总分上不存在显著的性别差异。

(二) 是否为少数民族对贫困大学生社会支持的影响分析

以贫困大学生的社会支持总分为因变量、是否为少数民族为自变量进行独立样本*t*检验，结果如表6-32所示。

表6-32　贫困大学生社会支持的是否为少数民族差异

因变量	民族	*N*	均值	标准差	均值的标准误	*t*	*p*
社会支持总分	少数民族	339	39.683	5.855	0.318	−0.210	0.834
	汉族	286	39.780	5.658	0.335		

表6-32表明，贫困大学生的社会支持总分均不存在显著的是否为少数民族差异。

(三) 生源地类型对贫困大学生社会支持的影响分析

以贫困大学生社会支持总分为因变量、生源地类型为自变量进行独立样本*t*检验，结果如表6-33所示。

表6-33　贫困大学生社会支持的生源地类型差异

因变量	生源地	*N*	均值	标准差	均值的标准误	*t*	*p*
社会支持总分	农村	585	39.803	5.748	0.238	1.119	0.264
	城市	36	38.695	6.113	1.019		

表6-33表明，贫困大学生的社会支持总分在生源地类型方面不存在显著差异，贫困大学生所在的生源地类型对社会支持方面表现影响非常小。

(四) 年级对贫困大学生社会支持的影响分析

以贫困大学生的社会支持总分为因变量、年级为自变量进行单因素方差分析。描述统计结果如表6-34所示，方差分析结果如表6-35所示。

表6-34　贫困大学生社会支持的年级差异描述统计结果

因变量	年级	*N*	均值	标准差	标准误	极小值	极大值
社会支持总分	大一	191	40.468	5.884	0.426	22.00	58.00
	大二	288	39.064	5.619	0.331	22.00	54.00
	大三	146	39.972	5.850	0.484	24.00	54.00
	总数	625	39.705	5.779	0.231	22.00	58.00

表6-35　贫困大学生社会支持的年级差异方差分析结果

因变量	年级	平方和	*df*	均方	*F*	显著性
社会支持总分	组间	239.871	2	119.935	3.621	0.027
	组内	20 602.403	622	33.123		
	总数	20 842.273	624			

表6-35表明，根据方差分析结果得到，不同年级贫困大学生在社会支持总分上均存在显著差异。

为了具体分析各年级间社会支持的详细差异情况，采用LSD方法进行事后检验，结果如表6-36所示。

表6-36　不同年级贫困大学生社会支持方面的多重事后检验

因变量	(I) 年级	(J) 年级	均值差 (I-J)	标准误	显著性
社会支持总分	大一	大二	1.404*	0.537	0.009
		大三	0.495	0.633	0.434

(续表)

因变量	(I) 年级	(J) 年级	均值差 (I-J)	标准误	显著性
社会支持总分	大二	大一	-1.404*	0.537	0.009
		大三	-0.908	0.585	0.121
	大三	大一	-0.495	0.633	0.434
		大二	0.908	0.585	0.121

表6-36具体的事后检验分析得到，在社会支持总体上，大一贫困生的社会支持显著高于大二贫困生的社会支持。不同年级贫困大学生社会支持总体的变化趋势，如图6-8所示。

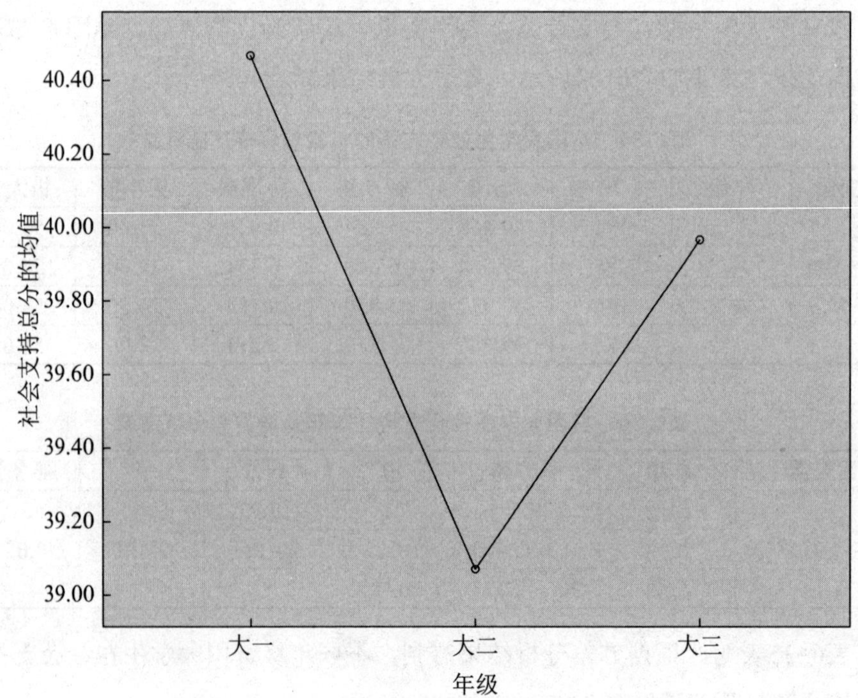

图6-8　不同年级贫困大学生社会支持的变化趋势

(五) 专业类型对贫困大学生社会支持的影响分析

以贫困大学生的社会支持总分为因变量、专业类型为自变量进行独立样本t检验统计分析，结果如表6-37所示。

表6-37　贫困大学生社会支持的专业类型差异

因变量	所学专业	*N*	均值	标准差	均值的标准误	*t*	*p*
社会支持总分	文科	313	39.957	5.659	0.320	0.998	0.319
	理工科	305	39.495	5.868	0.336		

表6-37表明，在贫困大学生群体中，不同专业类型的贫困大学生的社会支持总分不存在显著差异。

(六) 家庭人口数量对贫困大学生社会支持的影响分析

以贫困大学生的社会支持总分为因变量、家庭人口数量情况为自变量进行单因素方差分析。描述统计结果如表6-38所示，方差分析结果如表6-39所示。

表6-38　贫困大学生社会支持的家庭人口数量差异的描述统计结果

因变量	家庭人口数量	*N*	均值	标准差	标准误	极小值	极大值
社会支持总分	3人	72	39.013	5.603	0.660	29.00	58.00
	4～5人	379	39.659	5.734	0.295	22.00	55.00
	5人以上	173	40.094	5.963	0.453	22.00	57.00
	总数	624	39.705	5.783	0.232	22.00	58.00

表6-39　贫困大学生社会支持的家庭人口数量差异的方差分析结果

因变量	家庭人口数量	平方和	*df*	均方	*F*	显著性
社会支持总分	组间	61.498	2	30.749	0.919	0.399
	组内	20 774.688	621	33.454		
	总数	20 836.186	623			

表6-39表明，根据方差分析结果得到，不同家庭人口数量贫困大学生在社会支持总分上不存在显著差异。而从均值的具体变化趋势来看，家庭人口数量为4～5人的贫困生的社会支持水平最高，家庭人口数量为3人的贫困大学生的社会支持水平相对低一些，具体表现为：家庭人口数量越多，贫困大学生的社会支持越高。不同家庭人口数量贫困大学生社会支持的具体变化趋势，如图6-9所示。

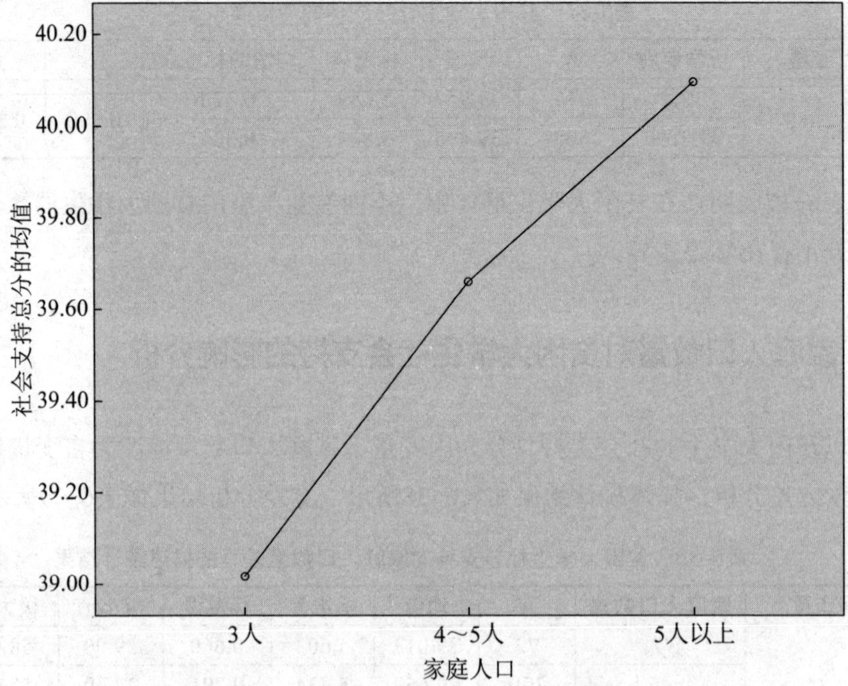

图6-9　不同家庭人口数量贫困大学生社会支持的变化趋势

(七) 在读学历层次对贫困大学生社会支持的影响分析

以贫困大学生的社会支持总分为因变量、在读学历层次为自变量进行独立样本*t*检验，结果如表6-40所示。

表6-40　贫困大学生社会支持的在读学历层次差异

因变量	学历	*N*	均值	标准差	均值的标准误	*t*	*p*
社会支持总分	本科	566	39.705	5.802	0.244	0.007	0.995
	专科	58	39.700	5.646	0.741		

表6-40表明，在大学生群体中，在读学历为本科和专科的贫困大学生的社会支持总分不存在显著差异，本科贫困生和专科贫困生在社会支持上的差异非常小。

第七章

民族地区高校贫困生心理特点之间的关系调查研究

一、贫困大学生社会支持与核心自我评价关系的调查分析

(一) 贫困大学生社会支持和核心自我评价的相关分析

采用皮尔逊积差相关分析方法对贫困大学生社会支持的主观支持、客观支持、支持利用度及社会支持总分与核心自我评价进行相关分析，结果如表7-1所示。

表7-1 贫困大学生社会支持与核心自我评价的相关分析

因变量	主观支持	客观支持	支持利用度	社会支持总分	核心自我评价
主观支持	1.000				
客观支持	0.361**	1.000			
支持利用度	0.269**	0.244**	1.000		
社会支持总分	0.873**	0.686**	0.565**	1.000	
核心自我评价	0.278**	0.216**	0.252**	0.339**	1.000

相关分析结果得到，贫困大学生的主观支持、客观支持、支持利用度及社会支持总分均与贫困大学生的核心自我评价存在显著正相关，相关系数为0.216～0.339。换言之，民族地区高校贫困生获得的社会支持越大，其核心自我评价水平就越高。

(二) 贫困大学生社会支持预测核心自我评价的多元线性回归分析

以贫困大学生社会支持的主观支持、客观支持、支持利用度3个维度为自变量，核心自我评价为因变量，进行多元线性回归分析，结果如表7-2、表7-3、表7-4所示。

表7-2　贫困大学生社会支持各维度预测核心自我评价回归分析模型汇总

模型	*R*	*R* 方	调整 *R* 方	标准估计的误差
1	0.347	0.120	0.116	5.451

表7-3　贫困大学生社会支持各维度预测核心自我评价回归分析模型检验

模型		平方和	*df*	均方	*F*	Sig.
1	回归	2 525.202	3	841.734	28.329	0.000
	残差	18 481.065	622	29.712		
	总计	21 006.267	625			

表7-4　贫困大学生社会支持各维度预测核心自我评价回归分析系数检验

模型		非标准化系数		标准系数	*t*	Sig.
		B	标准误差			
1	(常量)	23.145	1.549		14.940	0.000
	主观支持	0.296	0.063	0.194	4.706	0.000
	客观支持	0.276	0.109	0.103	2.528	0.012
	支持利用度	0.592	0.134	0.175	4.419	0.000

表7-2、表7-3、表7-4的回归分析结果表明，贫困大学生社会支持的主观支持、客观支持、支持利用度能构成显著的多元线性回归模型共同预测贫困大学生的核心自我评价，构建的贫困大学生核心自我评价显著的回归方程模型：核心自我评价=23.145 + 主观支持×0.296 + 客观支持×0.276 + 支持利用度×0.592。具体来看，主观支持、客观支持、支持利用度均能显著正向预测贫困大学生的核心自我评价，决定系数大小表明主观支持、客观支持、支持利用度能共同解释贫困大学生核心自我评价12%的变异大小。

(三) 贫困大学生社会支持总分预测核心自我评价的一元线性回归分析

以贫困大学生社会支持总分为自变量、核心自我评价为因变量，进行一元线性回归分析，结果如表7-5、表7-6、表7-7所示。

表7-5　贫困大学生社会支持总分预测核心自我评价回归分析模型汇总

模型	*R*	*R* 方	调整 *R* 方	标准估计的误差
1	0.339	0.115	0.113	5.459

表7-6　贫困大学生社会支持总分预测核心自我评价回归分析模型检验

模型		平方和	*df*	均方	*F*	Sig.
1	回归	2 410.757	1	2 410.757	80.897	0.000
	残差	18 595.510	624	29.800		
	总计	21 006.267	625			

表7-7　贫困大学生社会支持总分预测核心自我评价回归分析系数检验

模型		非标准化系数		标准系数	*t*	Sig.
		B	标准误差			
1	(常量)	23.674	1.517		15.605	0.000
	社会支持总分	0.340	0.038	0.339	8.994	0.000

表7-5、表7-6、表7-7的回归分析结果表明，贫困大学生社会支持总分能构成显著的一元线性回归模型预测贫困大学生的核心自我评价，构建了贫困大学生核心自我评价显著的回归方程模型：核心自我评价=23.674 + 社会支持总分×0.340。具体来看，社会支持总分能显著正向预测贫困大学生的核心自我评价，决定系数大小表明社会支持总分能解释贫困大学生核心自我评价11.5%的变异大小。其线性回归图，如图7-1所示。

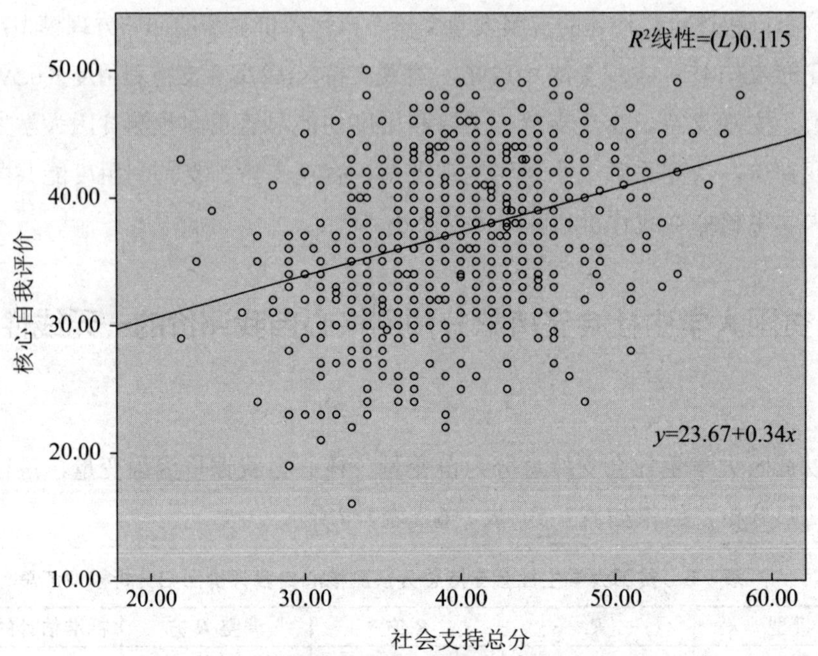

图7-1　核心自我评价对社会支持总分的线性回归图

二、贫困大学生社会支持与心理健康关系的调查分析

(一) 贫困大学生社会支持预测心理健康的相关分析

采用皮尔逊积差相关分析方法对贫困大学生社会支持的主观支持、客观支持、支持利用度及社会支持总分与心理健康得分进行相关分析，结果如表7-8所示。

表7-8　贫困大学生社会支持与心理健康的相关分析

因变量	主观支持	客观支持	支持利用度	社会支持总分	心理健康
主观支持	1.000				
客观支持	0.361**	1.000			
支持利用度	0.269**	0.244**	1.000		
社会支持总分	0.873**	0.686**	0.565**	1.000	
心理健康	0.344**	0.292**	0.298**	0.425**	1.000

相关分析结果得到，贫困大学生的主观支持、客观支持、支持利用度及社会支持总分均与贫困大学生的心理健康存在显著正相关，相关系数为0.292～0.425，社会支持与贫困大学生的心理健康相关程度较高。换言之，民族地区高校贫困生获得的社会支持越大，其心理健康水平就越高。

(二) 贫困大学生社会支持预测心理健康的多元线性回归分析

以贫困大学生社会支持的主观支持、客观支持、支持利用度3个维度为自变量，心理健康为因变量，进行多元线性回归分析，结果如表7-9、表7-10、表7-11所示。

表7-9　贫困大学生社会支持各维度预测心理健康回归分析模型汇总

模型	*R*	*R* 方	调整 *R* 方	标准估计的误差
1	0.431	0.186	0.182	18.643 62

表7-10　贫困大学生社会支持各维度预测心理健康回归分析模型检验

模型		平方和	*df*	均方	*F*	Sig.
1	回归	49 254.120	3	16 418.040	47.235	0.000
	残差	216 197.653	622	347.585		
	总计	265 451.773	625			

表7-11　贫困大学生社会支持各维度预测心理健康回归分析系数检验

模型		非标准化系数		标准系数	*t*	Sig.
		B	标准误差			
1	(常量)	41.542	5.299		7.840	0.000
	主观支持	1.268	0.215	0.234	5.904	0.000
	客观支持	1.514	0.373	0.160	4.059	0.000
	支持利用度	2.364	0.459	0.196	5.155	0.000

表7-9、表7-10、表7-11的回归分析结果表明，贫困大学生社会支持的主观支持、客观支持、支持利用度能构成显著的多元线性回归模型共同预测贫困大学生的心理健康，构建了贫困大学生心理健康显著的回归方程模型：心理健康=41.542 + 主观支持×1.268 + 客观支持×1.514 + 支持利用度×2.364。具体来看，主观支持、客观支持、支持利用度均能显著正向预测贫困大学生的心理健康，决定系数大小表明主观支持、客观支持、支持利用度能共同解释贫困大学生心理健康18.6%的变异大小。

(三) 贫困大学生社会支持总分预测心理健康的一元线性回归分析

以贫困大学生社会支持总分为自变量、心理健康为因变量，进行一元线性回归分析，结果如表7-12、表7-13、表7-14所示。

表7-12　贫困大学生社会支持总分预测心理健康回归分析模型汇总

模型	*R*	*R* 方	调整 *R* 方	标准估计的误差
1	0.425	0.186	0.179	18.674

表7-13　贫困大学生社会支持总分预测心理健康回归分析模型检验

模型		平方和	*df*	均方	*F*	Sig.
1	回归	47 842.373	1	47 842.373	137.189	0.000
	残差	217 609.401	624	348.733		
	总计	265 451.774	625			

表7-14　贫困大学生社会支持总分预测心理健康回归分析系数检验

模型		非标准化系数		标准系数	*t*	Sig.
		B	标准误差			
1	(常量)	42.904	5.190		8.267	0.000
	社会支持总分	1.515	0.129	0.425	11.713	0.000

表7-12、表7-13、表7-14的回归分析结果表明，贫困大学生社会支持总分能构成显著的一元线性回归模型预测贫困大学生的心理健康，构建了贫困大学生心理健康显著的回归方程模型：心理健康=42.904 + 社会支持总分×1.515。具体来看，社会支持总分能显著正向预测贫困大学生的心理健康，决定系数大小表明社会支持总分能解释贫困大学生心理健康18.6%的变异大小。其线性回归图，如图7-2所示。

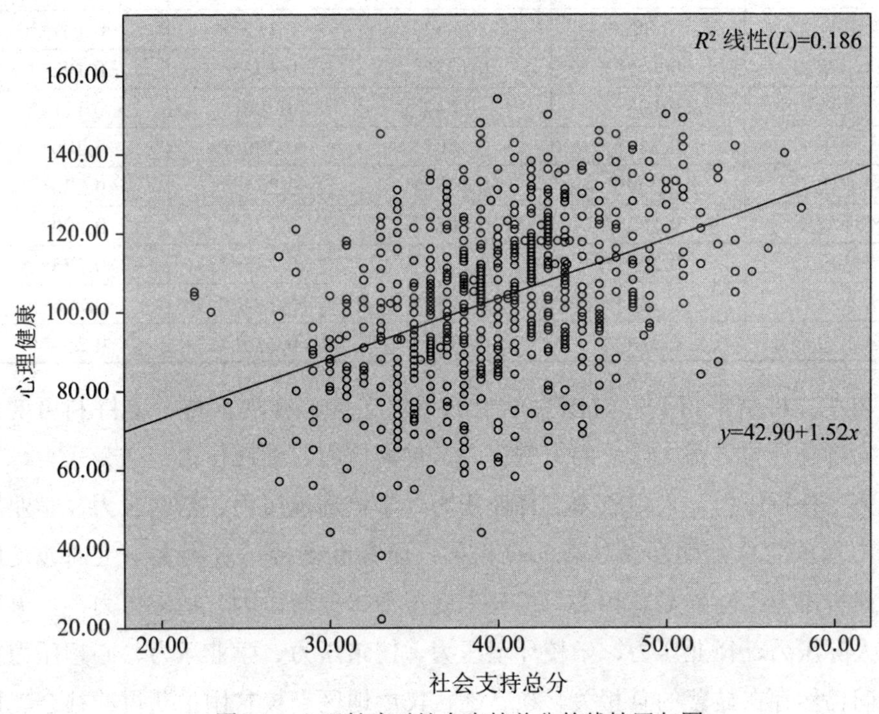

图7-2　心理健康对社会支持总分的线性回归图

三、贫困大学生社会支持与心理压力关系的调查分析

(一) 贫困大学生社会支持与心理压力的相关分析

采用皮尔逊积差相关分析方法对贫困大学生社会支持的主观支持、客观支持、支持利用度及社会支持总分与贫困大学生的家庭压力、健康压力、适应压

力、恋爱压力、自卑压力、挫折压力、人际压力、择业压力、学校环境压力、情绪压力、学业压力、心理压力总分进行相关分析，结果如表7-15所示。

表7-15 贫困大学生社会支持与心理压力的相关分析

因变量	主观支持	客观支持	支持利用度	社会支持总分
家庭压力	-0.201**	-0.158**	-0.204**	-0.252**
健康压力	-0.173**	-0.169**	-0.211**	-0.240**
适应压力	-0.130**	-0.135**	-0.174**	-0.188**
恋爱压力	-0.082*	-0.053	-0.112**	-0.107**
自卑压力	-0.142**	-0.127**	-0.173**	-0.192**
挫折压力	-0.104**	-0.043	-0.090*	-0.111**
人际压力	-0.241**	-0.180**	-0.200**	-0.286**
择业压力	-0.209**	-0.177**	-0.225**	-0.270**
学校环境压力	-0.163**	-0.106**	-0.178**	-0.200**
情绪压力	-0.205**	-0.178**	-0.245**	-0.275**
学业压力	-0.143**	-0.128**	-0.214**	-0.206**
心理压力总分	-0.219**	-0.176**	-0.246**	-0.283**

相关分析结果得到，贫困大学生的主观支持、客观支持、支持利用度及社会支持总分与贫困大学生的家庭压力、健康压力、适应压力、恋爱压力、自卑压力、挫折压力、人际压力、择业压力、学校环境压力、情绪压力、学业压力、心理压力总分均存在显著的负相关；而客观支持与贫困大学生的恋爱压力、挫折压力不存在显著相关，但与家庭压力、健康压力、适应压力、自卑压力、人际压力、择业压力、学校环境压力、情绪压力、学业压力、心理压力总分之间仍然存在显著的负相关。换言之，民族地区高校贫困生获得的社会支持越大，其心理压力就越小。

(二) 贫困大学生社会支持预测家庭压力的回归分析

1. 贫困大学生社会支持预测家庭压力的多元线性回归分析

以贫困大学生社会支持的主观支持、客观支持、支持利用度3个维度为自变量，家庭压力为因变量，进行多元线性回归分析，结果如表7-16、表7-17、表7-18所示。

表7-16　贫困大学生社会支持各维度预测家庭压力回归分析模型汇总

模型	*R*	*R* 方	调整 *R* 方	标准估计的误差
1	0.263	0.069	0.065	3.895

表7-17　贫困大学生社会支持各维度预测家庭压力回归分析模型检验

模型		平方和	*df*	均方	*F*	Sig.
1	回归	701.152	3	233.717	15.408	0.000
	残差	9 434.771	622	15.168		
	总计	10 135.923	625			

表7-18　贫困大学生社会支持各维度预测家庭压力回归分析系数检验

模型		非标准化系数		标准系数	*t*	Sig.
		B	标准误差			
1	(常量)	20.861	1.107		18.847	0.000
	主观支持	−0.143	0.045	−0.135	−3.188	0.002
	客观支持	−0.135	0.078	−0.073	−1.727	0.085
	支持利用度	−0.353	0.096	−0.150	−3.680	0.000

表7-16、表7-17、表7-18的回归分析结果表明，贫困大学生社会支持的主观支持、客观支持、支持利用度能构成显著的多元线性回归模型共同预测贫困大学生的家庭压力，构建了贫困大学生家庭压力显著的回归方程模型：家庭压力=20.861 + 主观支持×(−0.143) + 客观支持×(−0.135) + 支持利用度×(−0.353)。具体来看，主观支持、支持利用度均能显著负向预测贫困大学生的家庭压力，而客观支持不能显著预测贫困大学生的家庭压力，决定系数大小表明主观支持、客观支持、支持利用度能共同解释贫困大学生家庭压力6.9%的变异大小。

2. 贫困大学生社会支持总分预测家庭压力的一元线性回归分析

以贫困大学生社会支持总分为自变量、家庭压力为因变量，进行一元线性回归分析，结果如表7-19、表7-20、表7-21所示。

表7-19　贫困大学生社会支持总分预测家庭压力回归分析模型汇总

模型	*R*	*R* 方	调整 *R* 方	标准估计的误差
1	0.252	0.064	0.062	3.899 94

表7-20　贫困大学生社会支持总分预测家庭压力回归分析模型检验

模型		平方和	*df*	均方	*F*	Sig.
1	回归	645.153	1	645.153	42.418	0.000
	残差	9 490.771	624	15.210		
	总计	10 135.924	625			

表7-21　贫困大学生社会支持总分预测家庭压力回归分析系数检验

模型		非标准化系数		标准系数	*t*	Sig.
		B	标准误差			
1	(常量)	20.498	1.084		18.913	0.000
	社会支持总分	-0.176	0.027	-0.252	-6.513	0.000

表7-19、表7-20、表7-21的回归分析结果表明，贫困大学生社会支持总分能构成显著的一元线性回归模型预测贫困大学生的家庭压力，构建了贫困大学生家庭压力显著的回归方程模型：家庭压力=20.498 + 社会支持总分×(-0.176)=20.498-社会支持部分×0.176。具体来看，社会支持总分能显著负向预测贫困大学生的家庭压力，决定系数大小表明社会支持总分能解释贫困大学生家庭压力6.4%的变异大小。其线性回归图，如图7-3所示。

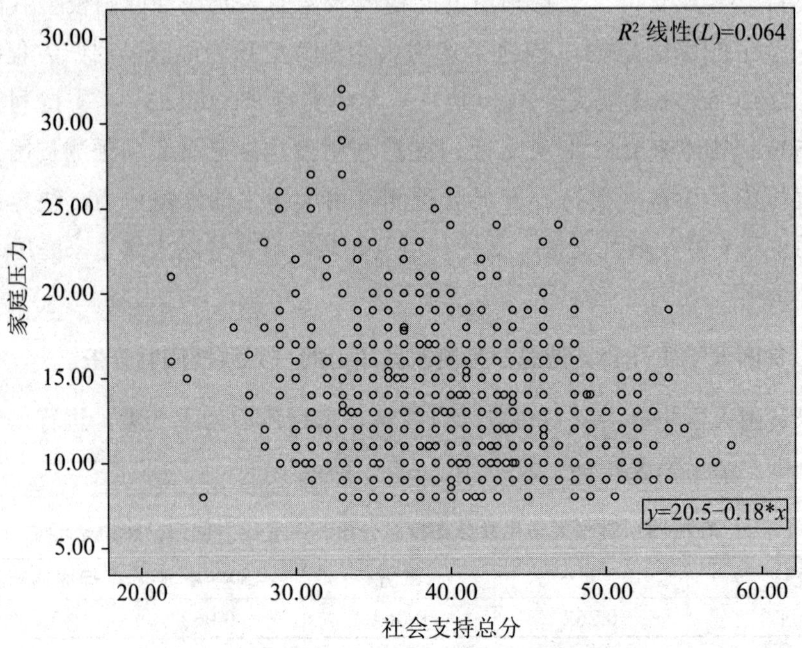

图7-3　家庭压力对社会支持总分的线性回归图

(三) 贫困大学生社会支持预测健康压力的回归分析

1. 贫困大学生社会支持预测健康压力的多元线性回归分析

以贫困大学生社会支持的主观支持、客观支持、支持利用度3个维度为自变量，健康压力为因变量，进行多元线性回归分析，结果如表7-22、表7-23、表7-24所示。

表7-22 贫困大学生社会支持各维度预测健康压力回归分析模型汇总

模型	*R*	*R* 方	调整 *R* 方	标准估计的误差
1	0.258	0.067	0.062	2.572

表7-23 贫困大学生社会支持各维度预测健康压力回归分析模型检验

模型		平方和	*df*	均方	*F*	Sig.
1	回归	293.594	3	97.865	14.792	0.000
	残差	4 115.274	622	6.616		
	总计	4 408.868	625			

表7-24 贫困大学生社会支持各维度预测健康压力回归分析系数检验

模型		非标准化系数		标准系数	*t*	Sig.
		B	标准误差			
1	(常量)	12.033	0.731		16.460	0.000
	主观支持	−0.066	0.030	−0.095	−2.243	0.025
	客观支持	−0.116	0.051	−0.095	−2.262	0.024
	支持利用度	−0.251	0.063	−0.162	−3.969	0.000

表7-22、表7-23、表7-24的回归分析结果表明，贫困大学生社会支持的主观支持、客观支持、支持利用度能构成显著的多元线性回归模型共同预测贫困大学生的健康压力，构建了贫困大学生健康压力显著的回归方程模型：健康压力=12.033 + 主观支持×(−0.066) + 客观支持×(−0.116) + 支持利用度×

(−0.251)。具体来看，主观支持、客观支持、支持利用度均能显著负向预测贫困大学生的健康压力，决定系数大小表明主观支持、客观支持、支持利用度能共同解释贫困大学生健康压力6.7%的变异大小。

2. 贫困大学生社会支持总分预测健康压力的一元线性回归分析

以贫困大学生社会支持总分为自变量、健康压力为因变量，进行一元线性回归分析，结果如表7-25、表7-26、表7-27所示。

表7-25　贫困大学生社会支持总分预测健康压力回归分析模型汇总

模型	*R*	*R* 方	调整 *R* 方	标准估计的误差
1	0.240	0.058	0.056	2.580 59

表7-26　贫困大学生社会支持总分预测健康压力回归分析模型检验

模型		平方和	*df*	均方	*F*	Sig.
1	回归	253.367	1	253.367	38.046	0.000
	残差	4 155.501	624	6.659		
	总计	4 408.868	625			

表7-27　贫困大学生社会支持总分预测健康压力回归分析系数检验

模型		非标准化系数		标准系数	*t*	Sig.
		B	标准误差			
1	(常量)	11.819	0.717		16.480	0.000
	社会支持总分	−0.110	0.018	−0.240	−6.168	0.000

表7-25、表7-26、表7-27的回归分析结果表明，贫困大学生社会支持总分能构成显著的一元线性回归模型预测贫困大学生的健康压力，构建了贫困大学生健康压力显著的回归方程模型：健康压力=11.819 + 社会支持总分×(−0.110)。具体来看，社会支持总分能显著负向预测贫困大学生的健康压力，决定系数大小表明社会支持总分能解释贫困大学生健康压力5.7%的变异大小。其线性回归图，如图7-4所示。

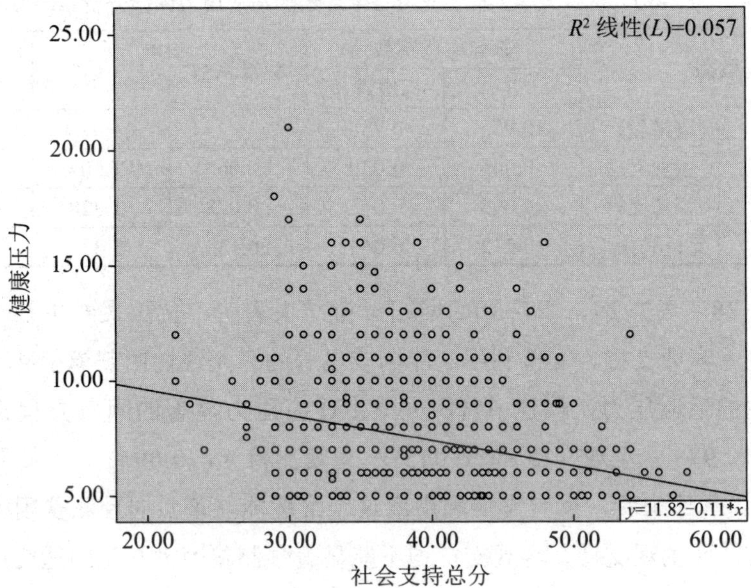

图7-4 健康压力对社会支持总分的线性回归图

(四) 贫困大学生社会支持预测适应压力的回归分析

1. 贫困大学生社会支持预测适应压力的多元线性回归分析

以贫困大学生社会支持的主观支持、客观支持、支持利用度3个维度为自变量，适应压力为因变量，进行多元线性回归分析，结果如表7-28、表7-29、表7-30所示。

表7-28 贫困大学生社会支持各维度预测适应压力回归分析模型汇总

模型	*R*	*R* 方	调整 *R* 方	标准估计的误差
1	0.207	0.043	0.038	2.586

表7-29 贫困大学生社会支持各维度预测适应压力回归分析模型检验

模型		平方和	*df*	均方	*F*	Sig.
1	回归	186.232	3	62.077	9.282	0.000
	残差	4 160.097	622	6.688		
	总计	4 346.329	625			

表7-30　贫困大学生社会支持各维度预测适应压力回归分析系数检验

模型		非标准化系数		标准系数	*t*	Sig.
		B	标准误差			
1	(常量)	10.978	0.735		14.936	0.000
	主观支持	−0.045	0.030	−0.065	−1.504	0.133
	客观支持	−0.095	0.052	−0.078	−1.828	0.068
	支持利用度	−0.212	0.064	−0.138	−3.337	0.001

表7-28、表7-29、表7-30的回归分析结果表明，贫困大学生社会支持的主观支持、客观支持、支持利用度能构成显著的多元线性回归模型共同预测贫困大学生的适应压力，构建了贫困大学生适应压力显著的回归方程模型：适应压力=10.978 + 主观支持×(−0.045) + 客观支持×(−0.095) + 支持利用度×(−0.212)。具体来看，仅有支持利用度这个维度能显著负向预测贫困大学生的适应压力，而主观支持、客观支持均不能显著预测贫困大学生的适应压力，决定系数大小表明能共同解释贫困大学生适应压力4.3%的变异大小。

2. 贫困大学生社会支持总分预测适应压力的一元线性回归分析

以贫困大学生社会支持总分为自变量、适应压力为因变量，进行一元线性回归分析，结果如表7-31、表7-32、表7-33所示。

表7-31　贫困大学生社会支持总分预测适应压力回归分析模型汇总

模型	*R*	*R* 方	调整 *R* 方	标准估计的误差
1	0.188	0.035	0.034	2.592 32

表7-32　贫困大学生社会支持总分预测适应压力回归分析模型检验

模型		平方和	*df*	均方	*F*	Sig.
1	回归	152.974	1	152.974	22.764	0.000
	残差	4 193.354	624	6.720		
	总计	4 346.328	625			

表7-33　贫困大学生社会支持总分预测适应压力回归分析系数检验

模型		非标准化系数		标准系数	*t*	Sig.
		B	标准误差			
1	(常量)	10.792	0.720		14.980	0.000
	社会支持总分	−0.086	0.018	−0.188	−4.771	0.000

表7-31、表7-32、表7-33的回归分析结果表明，贫困大学生社会支持总分能构成显著的一元线性回归模型预测贫困大学生的适应压力，构建了贫困大学生适应压力显著的回归方程模型：适应压力=10.792 + 社会支持总分 × (-0.086)。具体来看，社会支持总分能显著负向预测贫困大学生的适应压力，决定系数大小表明社会支持总分能解释贫困大学生适应压力3.5%的变异大小。其线性回归图，如图7-5所示。

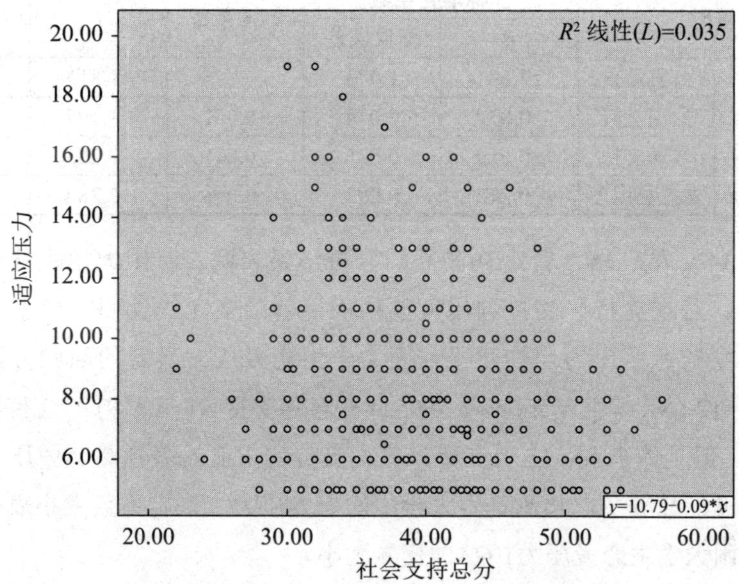

图7-5　适应压力对社会支持总分的线性回归图

(五) 贫困大学生社会支持预测恋爱压力的回归分析

1. 贫困大学生社会支持预测恋爱压力的多元线性回归分析

以贫困大学生社会支持的主观支持、客观支持、支持利用度3个维度为自变量，恋爱压力为因变量，进行多元线性回归分析，结果如表7-34、表7-35、表7-36所示。

表7-34　贫困大学生社会支持各维度预测恋爱压力回归分析模型汇总

模型	*R*	*R* 方	调整 *R* 方	标准估计的误差
1	0.125	0.016	0.011	3.777

表7-35 贫困大学生社会支持各维度预测恋爱压力回归分析模型检验

模型		平方和	*df*	均方	*F*	Sig.
1	回归	140.328	3	46.776	3.279	0.021
	残差	8 871.762	622	14.263		
	总计	9 012.090	625			

表7-36 贫困大学生社会支持各维度预测恋爱压力回归分析系数检验

模型		非标准化系数		标准系数	*t*	Sig.
		B	标准误差			
1	(常量)	12.681	1.073		11.815	0.000
	主观支持	−0.052	0.044	−0.052	−1.197	0.232
	客观支持	−0.019	0.076	−0.011	−0.253	0.800
	支持利用度	−0.212	0.093	−0.096	−2.284	0.023

表7-34、表7-35、表7-36的回归分析结果表明，贫困大学生社会支持的主观支持、客观支持、支持利用度能构成显著的多元线性回归模型共同预测贫困大学生的恋爱压力，构建了贫困大学生恋爱压力显著的回归方程模型：恋爱压力=12.681 + 主观支持×(−0.052) + 客观支持×(−0.019) + 支持利用度×(−0.212)。但具体来看，主观支持、客观支持均未能显著预测恋爱压力，仅有支持利用度能显著负向预测贫困大学生的恋爱压力，决定系数大小表明仅能共同解释贫困大学生恋爱压力1.6%的变异大小。

2. 贫困大学生社会支持总分预测恋爱压力的一元线性回归分析

以贫困大学生社会支持总分为自变量、恋爱压力为因变量，进行一元线性回归分析，结果如表7-37、表7-38、表7-39所示。

表7-37 贫困大学生社会支持总分预测恋爱压力回归分析模型汇总

模型	*R*	*R* 方	调整 *R* 方	标准估计的误差
1	0.107	0.011	0.010	3.778 51

表7-38 贫困大学生社会支持总分预测恋爱压力回归分析模型检验

模型		平方和	*df*	均方	*F*	Sig.
1	回归	103.163	1	103.163	7.226	0.007
	残差	8 908.928	624	14.277		
	总计	9 012.091	625			

表7-39　贫困大学生社会支持总分预测恋爱压力回归分析系数检验

模型		非标准化系数		标准系数	t	Sig.
		B	标准误差			
1	(常量)	12.355	1.050		11.766	0.000
	社会支持总分	-0.070	0.026	-0.107	-2.688	0.007

表7-37、表7-38、表7-39的回归分析结果表明，贫困大学生社会支持总分能构成显著的一元线性回归模型预测贫困大学生的恋爱压力，构建了贫困大学生恋爱压力显著的回归方程模型：恋爱压力=12.355 + 社会支持总分 ×(-0.070)。具体来看，社会支持总分能显著负向预测贫困大学生的恋爱压力，决定系数大小表明社会支持总分能解释贫困大学生恋爱压力1.1%的变异大小。其线性回归图，如图7-6所示。

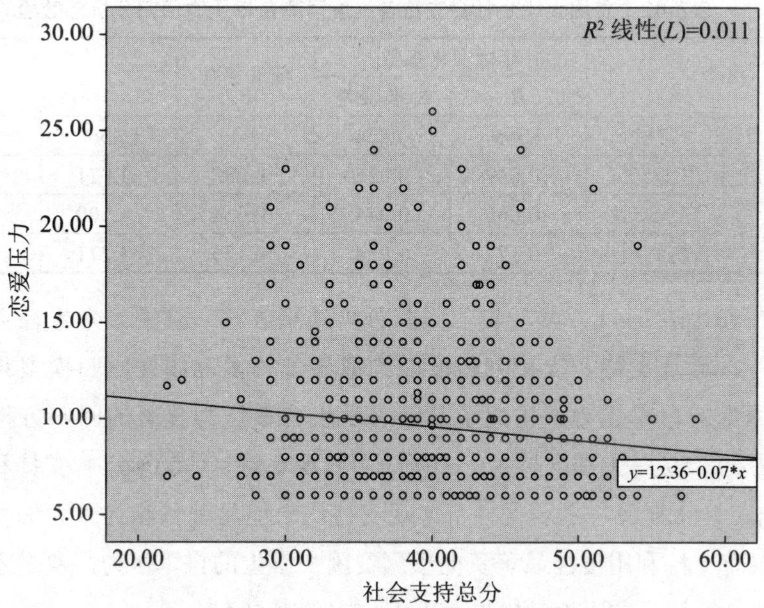

图7-6　恋爱压力对社会支持总分的线性回归图

(六) 贫困大学生社会支持预测自卑压力的回归分析

1. 贫困大学生社会支持预测自卑压力的多元线性回归分析

以贫困大学生社会支持的主观支持、客观支持、支持利用度3个维度为自变量，自卑压力为因变量，进行多元线性回归分析，结果如表7-40、表7-41、表7-42所示。

表7-40 贫困大学生社会支持各维度预测自卑压力回归分析模型汇总

模型	*R*	*R* 方	调整 *R* 方	标准估计的误差
1	0.208	0.043	0.038	2.195

表7-41 贫困大学生社会支持各维度预测自卑压力回归分析模型检验

模型		平方和	*df*	均方	*F*	Sig.
1	回归	134.905	3	44.968	9.336	0.000
	残差	2 995.868	622	4.817		
	总计	3 130.773	625			

表7-42 贫困大学生社会支持各维度预测自卑压力回归分析系数检验

模型		非标准化系数		标准系数	*t*	Sig.
		B	标准误差			
1	(常量)	9.399	0.624		15.069	0.000
	主观支持	−0.049	0.025	−0.082	−1.921	0.055
	客观支持	−0.066	0.044	−0.064	−1.500	0.134
	支持利用度	−0.177	0.054	−0.135	−3.271	0.001

表7-40、表7-41、表7-42的回归分析结果表明，贫困大学生社会支持的主观支持、客观支持、支持利用度能构成显著的多元线性回归模型共同预测贫困大学生的自卑压力，构建了贫困大学生自卑压力显著的回归方程模型：自卑压力=9.399 + 主观支持×(−0.049) + 客观支持×(−0.066) + 支持利用度×(−0.177)。具体来看，主观支持、客观支持均未能显著预测贫困大学生的自卑压力，仅有支持利用度能显著负向预测贫困大学生的自卑压力，决定系数大小表明仅能共同解释贫困大学生自卑压力4.3%的变异大小。

2. 贫困大学生社会支持总分预测自卑压力的一元线性回归分析

以贫困大学生社会支持总分为自变量、自卑压力为因变量，进行一元线性回归分析，结果如表7-43、表7-44、表7-45所示。

表7-43 贫困大学生社会支持总分预测自卑压力回归分析模型汇总

模型	*R*	*R* 方	调整 *R* 方	标准估计的误差
1	0.192	0.037	0.035	2.198 22

表7-44　贫困大学生社会支持总分预测自卑压力回归分析模型检验

模型		平方和	*df*	均方	*F*	Sig.
1	回归	115.494	1	115.494	23.901	0.000
	残差	3 015.279	624	4.832		
	总计	3 130.773	625			

表7-45　贫困大学生社会支持总分预测自卑压力回归分析系数检验

模型		非标准化系数		标准系数	t	Sig.
		B	标准误差			
1	(常量)	9.219	0.611		15.091	0.000
	社会支持总分	-0.074	0.015	-0.192	-4.889	0.000

表7-43、表7-44、表7-45的回归分析结果表明，贫困大学生社会支持总分能构成显著的一元线性回归模型预测贫困大学生的自卑压力，构建了贫困大学生自卑压力显著的回归方程模型：自卑压力=9.219 + 社会支持总分 ×(-0.074)。具体来看，社会支持总分能显著负向预测贫困大学生的自卑压力，决定系数大小表明社会支持总分能解释贫困大学生自卑压力3.7%的变异大小。其线性回归图，如图7-7所示。

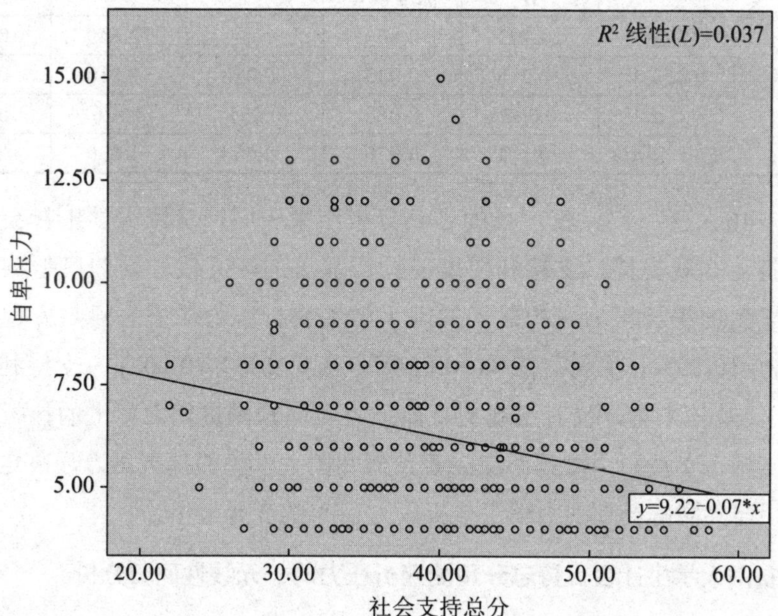

图7-7　自卑压力对社会支持总分的线性回归图

(七) 贫困大学生社会支持预测挫折压力的回归分析

1. 贫困大学生社会支持预测挫折压力的多元线性回归分析

以贫困大学生社会支持的主观支持、客观支持、支持利用度3个维度为自变量，挫折压力为因变量，进行多元线性回归分析，结果如表7-46、表7-47、表7-48所示。

表7-46 贫困大学生社会支持各维度预测挫折压力回归分析模型汇总

模型	*R*	*R* 方	调整 *R* 方	标准估计的误差
1	0.123	0.015	0.010	2.835

表7-47 贫困大学生社会支持各维度预测挫折压力回归分析模型检验

模型		平方和	*df*	均方	*F*	Sig.
1	回归	76.316	3	25.439	3.164	0.024
	残差	5 000.671	622	8.040		
	总计	5 076.987	625			

表7-48 贫困大学生社会支持各维度预测挫折压力回归分析系数检验

模型		非标准化系数		标准系数	*t*	Sig.
		B	标准误差			
1	(常量)	10.193	0.806		12.649	0.000
	主观支持	−0.066	0.033	−0.088	−2.010	0.045
	客观支持	0.007	0.057	0.005	0.126	0.900
	支持利用度	−0.114	0.070	−0.068	−1.630	0.104

表7-46、表7-47、表7-48的回归分析结果表明，贫困大学生社会支持的主观支持、客观支持、支持利用度能构成显著的多元线性回归模型共同预测贫困大学生的挫折压力，构建了贫困大学生挫折压力显著的回归方程模型：挫折压力=10.193 + 主观支持×(−0.066) + 客观支持×(0.007) + 支持利用度×(−0.114)。具体来看，仅有主观支持能显著负向预测贫困大学生的挫折压力，而客观支持、支持利用度都不能显著预测贫困大学生的挫折压力，决定系数大小表明仅能共同解释贫困大学生挫折压力1.5%的变异大小。

2. 贫困大学生社会支持总分预测挫折压力的一元线性回归分析

以贫困大学生社会支持总分为自变量、挫折压力为因变量，进行一元线性回归分析，结果如表7-49、表7-50、表7-51所示。

表7-49　贫困大学生社会支持总分预测挫折压力回归分析模型汇总

模型	R	R 方	调整 R 方	标准估计的误差
1	0.111	0.012	0.011	2.834 70

表7-50　贫困大学生社会支持总分预测挫折压力回归分析模型检验

模型		平方和	df	均方	F	Sig.
1	回归	62.822	1	62.822	7.818	0.005
	残差	5 014.165	624	8.036		
	总计	5 076.987	625			

表7-51　贫困大学生社会支持总分预测挫折压力回归分析系数检验

模型		非标准化系数		标准系数	t	Sig.
		B	标准误差			
1	(常量)	9.979	0.788		12.667	0.000
	社会支持总分	−0.055	0.020	−0.111	−2.796	0.005

表7-49、表7-50、表7-51的回归分析结果表明，贫困大学生社会支持总分能构成显著的一元线性回归模型预测贫困大学生的挫折压力，构建了贫困大学生挫折压力显著的回归方程模型：挫折压力=9.979 + 社会支持总分× (−0.055)。具体来看，社会支持总分能显著负向预测贫困大学生的挫折压力，决定系数大小表明社会支持总分能解释贫困大学生挫折压力1.2%的变异大小。其线性回归图，如图7-8所示。

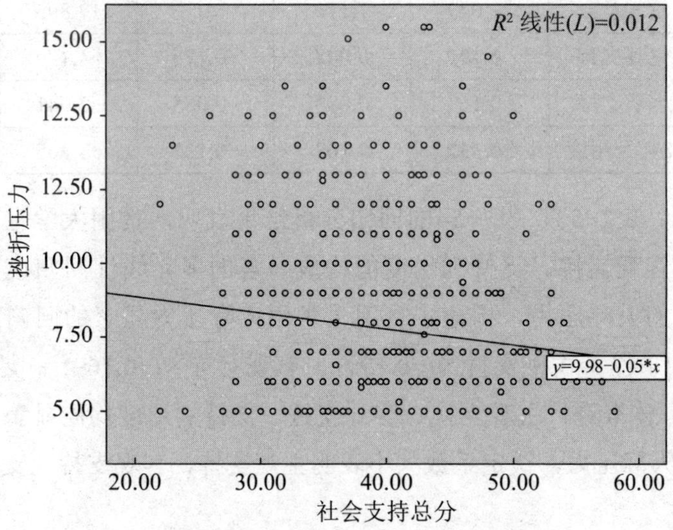

图7-8　挫折压力对社会支持总分的线性回归图

(八) 贫困大学生社会支持预测人际压力的回归分析

1. 贫困大学生社会支持预测人际压力的多元线性回归分析

以贫困大学生社会支持的主观支持、客观支持、支持利用度3个维度为自变量，人际压力为因变量，进行多元线性回归分析，结果如表7-52、表7-53、表7-54所示。

表7-52 贫困大学生社会支持各维度预测人际压力回归分析模型汇总

模型	*R*	*R* 方	调整 *R* 方	标准估计的误差
1	0.290	0.084	0.080	4.138

表7-53 贫困大学生社会支持各维度预测人际压力回归分析模型检验

模型		平方和	*df*	均方	*F*	Sig.
1	回归	976.086	3	325.362	18.998	0.000
	残差	10 652.720	622	17.127		
	总计	11 628.806	625			

表7-54 贫困大学生社会支持各维度预测人际压力回归分析系数检验

模型		非标准化系数		标准系数	*t*	Sig.
		B	标准误差			
1	(常量)	21.047	1.176		17.895	0.000
	主观支持	−0.199	0.048	−0.175	−4.170	0.000
	客观支持	−0.169	0.083	−0.085	−2.041	0.042
	支持利用度	−0.332	0.102	−0.132	−3.265	0.001

表7-52、表7-53、表7-54的回归分析结果表明，贫困大学生社会支持的主观支持、客观支持、支持利用度能构成显著的多元线性回归模型共同预测贫困大学生的人际压力，构建了贫困大学生人际压力显著的回归方程模型：人际压力=21.047 + 主观支持×(−0.199) + 客观支持×(−0.169) + 支持利用度×(−0.332)。具体来看，主观支持、客观支持、支持利用度均能显著负向预测贫困大学生的人际压力，决定系数大小表明主观支持、客观支持、支持利用度能

共同解释贫困大学生人际压力8.4%的变异大小。

2. 贫困大学生社会支持总分预测人际压力的一元线性回归分析

以贫困大学生社会支持总分为自变量、人际压力为因变量，进行一元线性回归分析，结果如表7-55、表7-56、表7-57所示。

表7-55　贫困大学生社会支持总分预测人际压力回归分析模型汇总

模型	*R*	*R* 方	调整 *R* 方	标准估计的误差
1	0.286	0.082	0.080	4.136 88

表7-56　贫困大学生社会支持总分预测人际压力回归分析模型检验

模型		平方和	*df*	均方	*F*	Sig.
1	回归	949.802	1	949.802	55.499	0.000
	残差	10 679.003	624	17.114		
	总计	11 628.805	625			

表7-57　贫困大学生社会支持总分预测人际压力回归分析系数检验

模型		非标准化系数		标准系数	*t*	Sig.
		B	标准误差			
1	(常量)	20.771	1.150		18.067	0.000
	社会支持总分	−0.213	0.029	−0.286	−7.450	0.000

表7-55、表7-56、表7-57的回归分析结果表明，贫困大学生社会支持总分能构成显著的一元线性回归模型预测贫困大学生的人际压力，构建了贫困大学生人际压力显著的回归方程模型：人际压力=20.771 + 社会支持总分×(−0.213)。具体来看，社会支持总分能显著负向预测贫困大学生的人际压力，决定系数大小表明社会支持总分能解释贫困大学生人际压力8.2%的变异大小。其线性回归图，如图7-9所示。

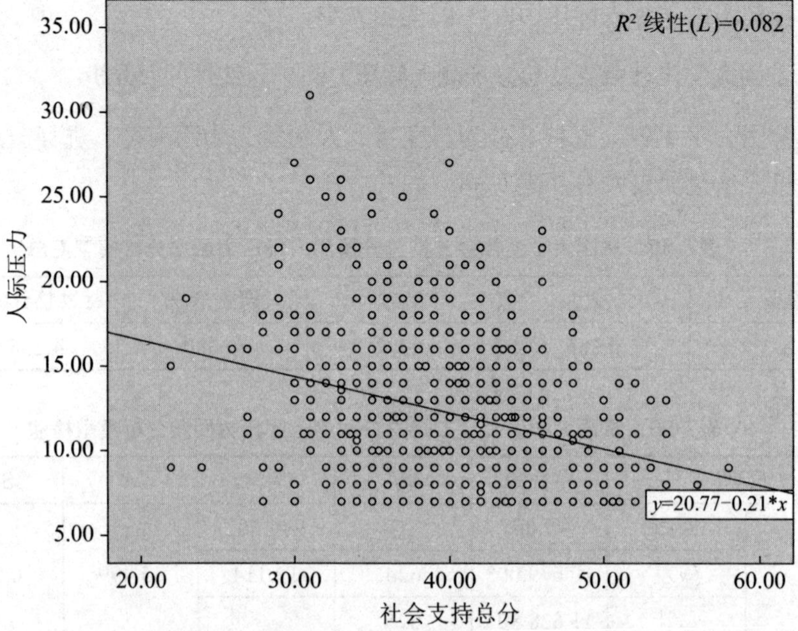

图7-9 人际压力对社会支持总分的线性回归图

(九) 贫困大学生社会支持预测择业压力的回归分析

1. 贫困大学生社会支持预测择业压力的多元线性回归分析

以贫困大学生社会支持的主观支持、客观支持、支持利用度3个维度为自变量，择业压力为因变量，进行多元线性回归分析，结果如表7-58、表7-59、表7-60所示。

表7-58 贫困大学生社会支持各维度预测择业压力回归分析模型汇总

模型	*R*	*R* 方	调整 *R* 方	标准估计的误差
1	0.284	0.081	0.076	4.409

表7-59 贫困大学生社会支持各维度预测择业压力回归分析模型检验

模型		平方和	*df*	均方	*F*	Sig.
1	回归	1 063.255	3	354.418	18.231	0.000
	残差	12 091.982	622	19.440		
	总计	13 155.237	625			

表7-60　贫困大学生社会支持各维度预测择业压力回归分析系数检验

模型		非标准化系数		标准系数	*t*	Sig.
		B	标准误差			
1	(常量)	20.401	1.253		16.281	0.000
	主观支持	−0.159	0.051	−0.132	−3.132	0.002
	客观支持	−0.187	0.088	−0.088	−2.118	0.035
	支持利用度	−0.450	0.108	−0.168	−4.145	0.000

表7−58、表7−59、表7−60的回归分析结果表明，贫困大学生社会支持的主观支持、客观支持、支持利用度能构成显著的多元线性回归模型共同预测贫困大学生的择业压力，构建了贫困大学生择业压力显著的回归方程模型：择业压力=20.401 + 主观支持×(−0.159) + 客观支持×(−0.187) + 支持利用度×(−0.450)。具体来看，主观支持、客观支持、支持利用度均能显著负向预测贫困大学生的择业压力，决定系数大小表明主观支持、客观支持、支持利用度能共同解释贫困大学生择业压力8.1%的变异大小。

2. 贫困大学生社会支持总分预测择业压力的一元线性回归分析

以贫困大学生社会支持总分为自变量、择业压力为因变量，进行一元线性回归分析，结果如表7−61、表7−62、表7−63所示。

表7-61　贫困大学生社会支持总分预测择业压力回归分析模型汇总

模型	*R*	*R* 方	调整 *R* 方	标准估计的误差
1	0.270	0.073	0.072	4.420 41

表7-62　贫困大学生社会支持总分预测择业压力回归分析模型检验

模型		平方和	*df*	均方	*F*	Sig.
1	回归	962.268	1	962.268	49.246	0.000
	残差	12 192.968	624	19.540		
	总计	13 155.236	625			

表7-63　贫困大学生社会支持总分预测择业压力回归分析系数检验

模型		非标准化系数		标准系数	*t*	Sig.
		B	标准误差			
1	(常量)	19.971	1.228		16.257	0.000
	社会支持总分	−0.215	0.031	−0.270	−7.018	0.000

表7-61、表7-62、表7-63的回归分析结果表明，贫困大学生社会支持总分能构成显著的一元线性回归模型预测贫困大学生的择业压力，构建了贫困大学生择业压力显著的回归方程模型：择业压力=19.971 + 社会支持总分 ×(−0.215)。具体来看，社会支持总分能显著负向预测贫困大学生的择业压力，决定系数大小表明社会支持总分能解释贫困大学生择业压力 7.3%的变异大小。其线性回归图，如图7-10 所示。

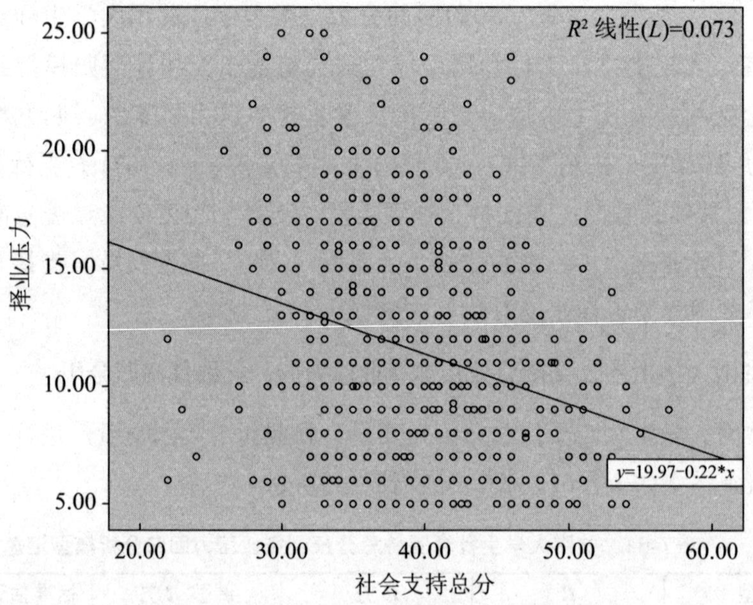

图7-10　择业压力对社会支持总分的线性回归图

(十) 贫困大学生社会支持预测学校环境压力的回归分析

1. 贫困大学生社会支持预测学校环境压力的多元线性回归分析

以贫困大学生社会支持的主观支持、客观支持、支持利用度3个维度为自变量，学校环境压力为因变量，进行多元线性回归分析，结果如表7-64、表7-65、表7-66所示。

表7-64　贫困大学生社会支持各维度预测学校环境压力回归分析模型汇总

模型	*R*	*R* 方	调整 *R* 方	标准估计的误差
1	0.216	0.047	0.042	3.812

表7-65 贫困大学生社会支持各维度预测学校环境压力回归分析模型检验

模型		平方和	*df*	均方	*F*	Sig.
1	回归	443.700	3	147.900	10.178	0.000
	残差	9 038.754	622	14.532		
	总计	9 482.454	625			

表7-66 贫困大学生社会支持各维度预测学校环境压力回归分析系数检验

模型		非标准化系数		标准系数	*t*	Sig.
		B	标准误差			
1	(常量)	16.510	1.083		15.239	0.000
	主观支持	−0.117	0.044	−0.115	−2.674	0.008
	客观支持	−0.055	0.076	−0.031	−0.720	0.472
	支持利用度	−0.318	0.094	−0.140	−3.391	0.001

表7-64、表7-65、表7-66的回归分析结果表明，贫困大学生社会支持的主观支持、客观支持、支持利用度能构成显著的多元线性回归模型共同预测贫困大学生的学校环境压力，构建了贫困大学生学校环境压力显著的回归方程模型：学校环境压力=16.510 + 主观支持×(−0.117) + 客观支持×(−0.055) + 支持利用度×(−0.318)。具体来看，主观支持、支持利用度均能显著负向预测贫困大学生的学校环境压力，但客观支持却不能显著预测学校环境压力，决定系数大小表明主观支持、客观支持、支持利用度能共同解释贫困大学生学校环境压力4.7%的变异大小。

2. 贫困大学生社会支持总分预测学校环境压力的一元线性回归分析

以贫困大学生社会支持总分为自变量、学校环境压力为因变量，进行一元线性回归分析，结果如表7-67、表7-68、表7-69所示。

表7-67 贫困大学生社会支持总分预测学校环境压力回归分析模型汇总

模型	*R*	*R* 方	调整 *R* 方	标准估计的误差
1	0.200	0.040	0.038	3.819 52

表7-68 贫困大学生社会支持总分预测学校环境压力回归分析模型检验

模型		平方和	*df*	均方	*F*	Sig.
1	回归	379.073	1	379.073	25.984	0.000
	残差	9 103.381	624	14.589		
	总计	9 482.454	625			

表7-69 贫困大学生社会支持总分预测学校环境压力回归分析系数检验

模型		非标准化系数		标准系数	*t*	Sig.
		B	标准误差			
1	(常量)	16.062	1.061		15.132	0.000
	社会支持总分	-0.135	0.026	-0.200	-5.097	0.000

表7-67、表7-68、表7-69的回归分析结果表明，贫困大学生社会支持总分能构成显著的一元线性回归模型预测贫困大学生的学校环境压力，构建了贫困大学生学校环境压力显著的回归方程模型：学校环境压力=16.062 + 社会支持总分× (-0.135)。具体来看，社会支持总分能显著负向预测贫困大学生的学校环境压力，决定系数大小表明社会支持总分能解释贫困大学生学校环境压力4.0 %的变异大小。其线性回归图，如图7-11所示。

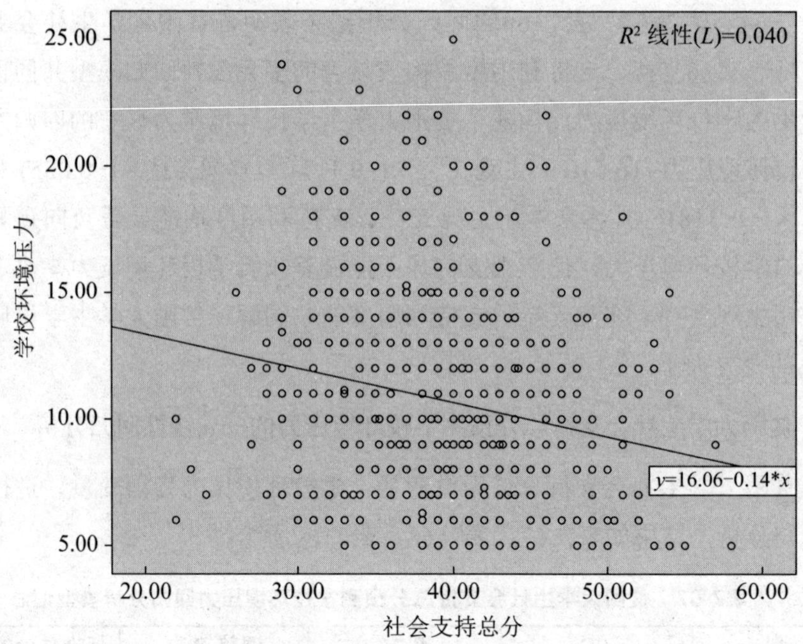

图7-11 学校环境压力对社会支持总分的线性回归图

(十一) 贫困大学生社会支持预测情绪压力的回归分析

1. 贫困大学生社会支持预测情绪压力的多元线性回归分析

以贫困大学生社会支持的主观支持、客观支持、支持利用度3个维度为自变量，情绪压力为因变量，进行多元线性回归分析，结果如表7-70、表7-71、表7-72所示。

表7-70　贫困大学生社会支持各维度预测情绪压力回归分析模型汇总

模型	*R*	*R* 方	调整 *R* 方	标准估计的误差
1	0.296	0.087	0.083	3.478

表7-71　贫困大学生社会支持各维度预测情绪压力回归分析模型检验

模型		平方和	*df*	均方	*F*	Sig.
1	回归	719.914	3	239.971	19.839	0.000
	残差	7 523.842	622	12.096		
	总计	8 243.756	625			

表7-72　贫困大学生社会支持各维度预测情绪压力回归分析系数检验

模型		非标准化系数		标准系数	*t*	Sig.
		B	标准误差			
1	(常量)	16.648	0.988		16.842	0.000
	主观支持	−0.117	0.040	−0.123	−2.923	0.004
	客观支持	−0.147	0.070	−0.088	−2.110	0.035
	支持利用度	−0.404	0.086	−0.190	−4.719	0.000

表7-70、表7-71、表7-72的回归分析结果表明，贫困大学生社会支持的主观支持、客观支持、支持利用度能构成显著的多元线性回归模型共同预测贫困大学生的情绪压力，构建了贫困大学生情绪压力显著的回归方程模型：情绪压力=16.648 + 主观支持×(−0.117) + 客观支持×(−0.147) + 支持利用度×(−0.404)。具体来看，主观支持、客观支持、支持利用度均能显著负向预测贫困大学生的情绪压力，决定系数大小表明主观支持、客观支持、支持利用度能共同解释贫困大学生情绪压力8.7%的变异大小。

2. 贫困大学生社会支持总分预测情绪压力的一元线性回归分析

以贫困大学生社会支持总分为自变量、情绪压力为因变量，进行一元线性回归分析，结果如表7-73、表7-74、表7-75所示。

表7-73　贫困大学生社会支持总分预测情绪压力回归分析模型汇总

模型	*R*	*R* 方	调整 *R* 方	标准估计的误差
1	0.275	0.075	0.074	3.494 94

表7-74　贫困大学生社会支持总分预测情绪压力回归分析模型检验

模型		平方和	*df*	均方	*F*	Sig.
1	回归	621.859	1	621.859	50.911	0.000
	残差	7 621.897	624	12.215		
	总计	8 243.756	625			

表7-75　贫困大学生社会支持总分预测情绪压力回归分析系数检验

模型		非标准化系数		标准系数	*t*	Sig.
		B	标准误差			
1	(常量)	16.228	0.971		16.708	0.000
	社会支持总分	-0.173	0.024	-0.275	-7.135	0.000

表7-73、表7-74、表7-75的回归分析结果表明，贫困大学生社会支持总分能构成显著的一元线性回归模型预测贫困大学生的情绪压力，构建了贫困大学生情绪压力显著的回归方程模型：情绪压力=16.228 + 社会支持总分 ×(-0.173)。具体来看，社会支持总分能显著负向预测贫困大学生的情绪压力，决定系数大小表明社会支持总分能解释贫困大学生情绪压力 7.5%的变异大小。其线性回归图，如图 7-12 所示。

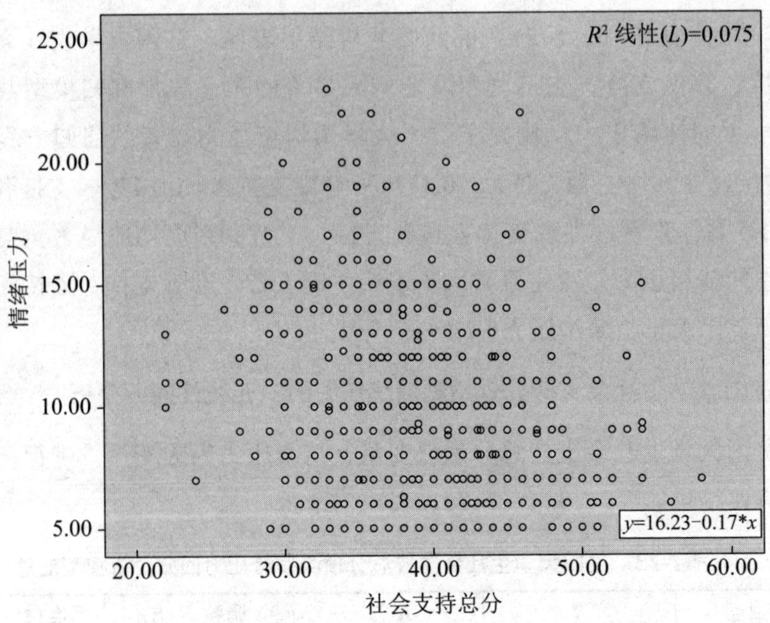

图7-12　情绪压力对社会支持总分的线性回归图

(十二) 贫困大学生社会支持预测学业压力的回归分析

1. 贫困大学生社会支持预测学业压力的多元线性回归分析

以贫困大学生社会支持的主观支持、客观支持、支持利用度3个维度为自变量，学业压力为因变量，进行多元线性回归分析，结果如表7-76、表7-77、表7-78所示。

表7-76　贫困大学生社会支持各维度预测学业压力回归分析模型汇总

模型	*R*	*R* 方	调整 *R* 方	标准估计的误差
1	0.238	0.057	0.052	4.685

表7-77　贫困大学生社会支持各维度预测学业压力回归分析模型检验

模型		平方和	*df*	均方	*F*	Sig.
1	回归	819.361	3	273.120	12.441	0.000
	残差	13 654.589	622	21.953		
	总计	14 473.950	625			

表7-78　贫困大学生社会支持各维度预测学业压力回归分析系数检验

模型		非标准化系数		标准系数	*t*	Sig.
		B	标准误差			
1	(常量)	21.005	1.332		15.774	0.000
	主观支持	−0.094	0.054	−0.074	−1.741	0.082
	客观支持	−0.126	0.094	−0.057	−1.344	0.180
	支持利用度	−0.508	0.115	−0.181	−4.407	0.000

表7-76、表7-77、表7-78的回归分析结果表明，贫困大学生社会支持的主观支持、客观支持、支持利用度能构成显著的多元线性回归模型共同预测贫困大学生的学业压力，构建了贫困大学生学业压力显著的回归方程模型：学业压力=21.005 + 主观支持×(−0.094) + 客观支持×(−0.126) + 支持利用度×(−0.508)。具体来看，主观支持、客观支持都未能显著预测贫困大学生的学业压力，仅有支持利用度能显著负向预测贫困大学生的学业压力，决定系

数大小表明仅能共同解释贫困大学生学业压力5.7%的变异大小。

2. 贫困大学生社会支持总分预测学业压力的一元线性回归分析

以贫困大学生社会支持总分为自变量、学业压力为因变量，进行一元线性回归分析，结果如表7-79、表7-80、表7-81所示。

表7-79 贫困大学生社会支持总分预测学业压力回归分析模型汇总

模型	*R*	*R* 方	调整 *R* 方	标准估计的误差
1	0.206	0.042	0.041	4.713 07

表7-80 贫困大学生社会支持总分预测学业压力回归分析模型检验

模型		平方和	*df*	均方	*F*	Sig.
1	回归	613.048	1	613.048	27.599	0.000
	残差	13 860.902	624	22.213		
	总计	14 473.950	625			

表7-81 贫困大学生社会支持总分预测学业压力回归分析系数检验

模型		非标准化系数		标准系数	*t*	Sig.
		B	标准误差			
1	(常量)	20.379	1.310		15.559	0.000
	社会支持总分	−0.171	0.033	−0.206	−5.253	0.000

表7-79、表7-80、表7-81的回归分析结果表明，贫困大学生社会支持总分能构成显著的一元线性回归模型预测贫困大学生的学业压力，构建了贫困大学生学业压力显著的回归方程模型：学业压力=20.379 + 社会支持总分 ×(−0.171)。具体来看，社会支持总分能显著负向预测贫困大学生的学业压力，决定系数大小表明社会支持总分能解释贫困大学生学业压力 4.2%的变异大小。其线性回归图，如图7-13所示。

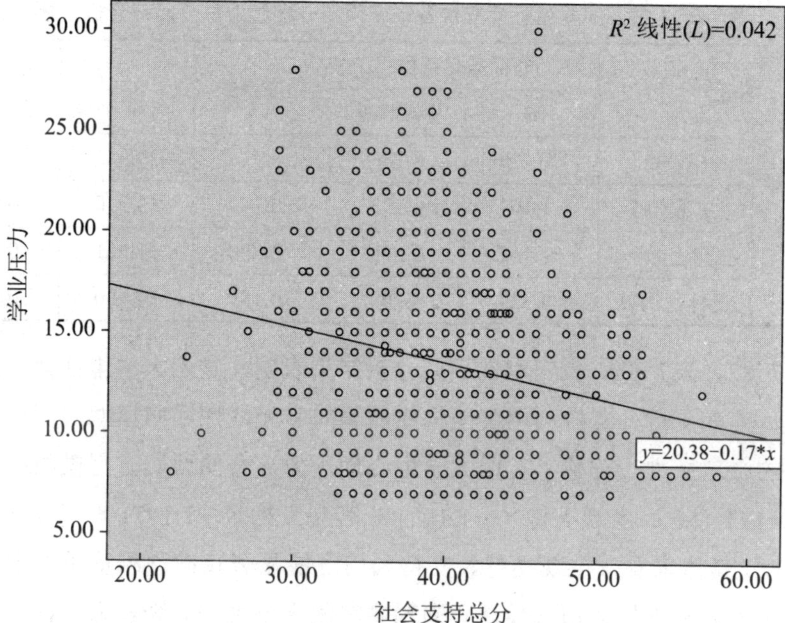

图7-13　学业压力对社会支持总分的线性回归图

(十三) 贫困大学生社会支持预测心理压力总分的回归分析

1. 贫困大学生社会支持预测心理压力总分的多元线性回归分析

以贫困大学生社会支持的主观支持、客观支持、支持利用度3个维度为自变量，心理压力总分为因变量，进行多元线性回归分析，结果如表7-82、表7-83、表7-84所示。

表7-82　贫困大学生社会支持各维度预测心理压力总分回归分析模型汇总

模型	*R*	*R* 方	调整 *R* 方	标准估计的误差
1	0.302	0.091	0.087	28.802 49

表7-83　贫困大学生社会支持各维度预测心理压力总分回归分析模型检验

模型		平方和	*df*	均方	*F*	Sig.
1	回归	51 749.895	3	17 249.965	20.794	0.000
	残差	516 000.903	622	829.583		
	总计	567 750.798	625			

表7-84　贫困大学生社会支持各维度预测心理压力总分回归分析系数检验

模型		非标准化系数		标准系数	*t*	Sig.
		B	标准误差			
1	(常量)	171.756	8.186		20.982	0.000
	主观支持	−1.107	0.332	−0.140	−3.336	0.001
	客观支持	−1.107	0.576	−0.080	−1.921	0.055
	支持利用度	−3.329	0.708	−0.189	−4.700	0.000

表7−82、表7−83、表7−84的回归分析结果表明，贫困大学生社会支持的主观支持、客观支持、支持利用度能构成显著的多元线性回归模型共同预测贫困大学生的心理压力，构建了贫困大学生心理压力显著的回归方程模型：心理压力总分=171.756 + 主观支持×(−1.107) + 客观支持×(−1.107) + 支持利用度×(−3.329)。具体来看，主观支持、支持利用度能显著负向预测贫困大学生的心理压力，而客观支持能边缘显著负向预测贫困大学生的心理压力，决定系数大小表明仅能共同解释贫困大学生心理压力9.1%的变异大小。

2. 贫困大学生社会支持总分预测心理压力总分的一元线性回归分析

以贫困大学生社会支持总分为自变量、心理压力总分为因变量，进行一元线性回归分析，结果如表7−85、表7−86、表7−87所示。

表7-85　贫困大学生社会支持总分预测心理压力总分回归分析模型汇总

模型	*R*	*R* 方	调整 *R* 方	标准估计的误差
1	0.283	0.080	0.079	28.927

表7-86　贫困大学生社会支持总分预测心理压力总分回归分析模型检验

模型		平方和	*df*	均方	*F*	Sig.
1	回归	45 591.385	1	45 591.385	54.483	0.000
	残差	522 159.413	624	836.794		
	总计	567 750.798	625			

表7-87 贫困大学生社会支持总分预测心理压力总分回归分析系数检验

模型		非标准化系数		标准系数	*t*	Sig.
		B	标准误差			
1	(常量)	168.072	8.039		20.907	0.000
	社会支持总分	-1.479	0.200	-0.283	-7.381	0.000

表7-85、表7-86、表7-87的回归分析结果表明，贫困大学生社会支持总分能构成显著的一元线性回归模型预测贫困大学生的心理压力总分，构建了贫困大学生心理压力显著的回归方程模型：心理压力总分=168.072 + 社会支持总分×(-1.479)。具体来看，社会支持总分能显著负向预测贫困大学生的心理压力总分，决定系数大小表明社会支持总分能解释贫困大学生心理压力总分8%的变异大小。其线性回归图，如图7-14所示。

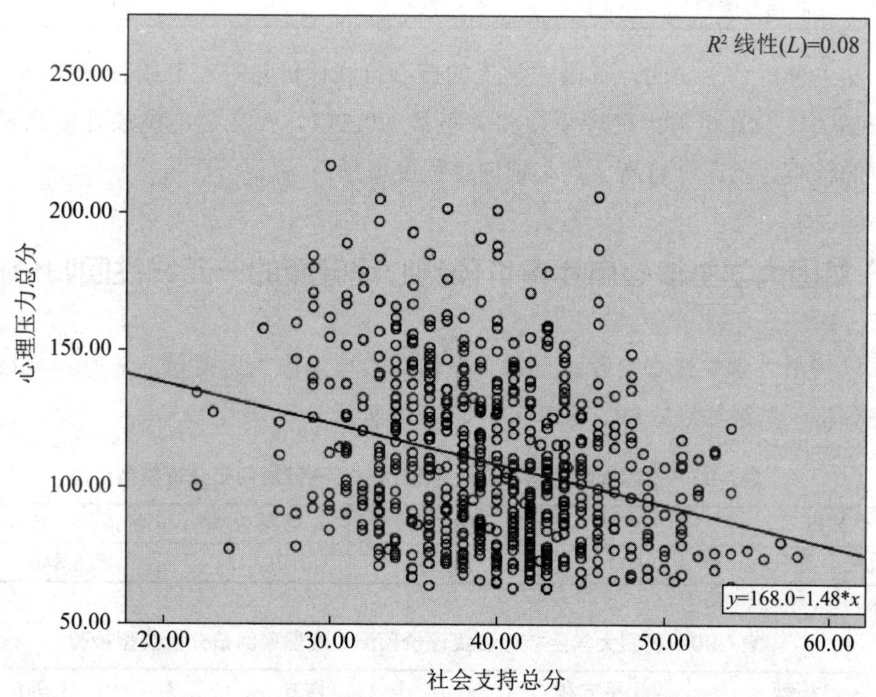

图7-14 心理压力总分对社会支持总分的线性回归图

四、贫困大学生核心自我评价与心理健康关系的调查分析

(一) 贫困大学生核心自我评价与心理健康的相关分析

采用皮尔逊积差相关分析方法对贫困大学生核心自我评价与心理健康进行相关分析，结果如表7-88所示。

表7-88 贫困大学生核心自我评价与心理健康的相关分析

自变量	核心自我评价	心理健康
核心自我评价	1.000	
心理健康	0.577**	1.000

相关分析结果表明，贫困大学生的核心自我评价与心理健康程度存在显著的正相关，并且相关程度较高，相关系数为0.577。换言之，民族地区高校贫困生的核心自我评价越高，其心理健康程度就越高。

(二) 贫困大学生核心自我评价预测心理健康的一元线性回归分析

以贫困大学生核心自我评价为自变量、心理健康为因变量，进行一元线性回归分析，结果如表7-89、表7-90、表7-91所示。

表7-89 贫困大学生核心自我评价预测心理健康回归分析模型汇总

模型	***R***	***R*** 方	调整 ***R*** 方	标准估计的误差
1	0.577	0.333	0.332	16.840

表7-90 贫困大学生核心自我评价预测心理健康回归分析模型检验

模型		平方和	*df*	均方	***F***	Sig.
1	回归	88 498.184	1	88 498.184	312.075	0.000
	残差	176 953.590	624	283.579		
	总计	265 451.774	625			

表7-91　贫困大学生核心自我评价预测心理健康回归分析系数检验

模型		非标准化系数		标准系数	*t*	Sig.
		B	标准误差			
1	(常量)	26.751	4.372		6.119	0.000
	核心自我评价	2.053	0.116	0.577	17.666	0.000

表7-89、表7-90、表7-91的回归分析结果表明，贫困大学生核心自我评价能构成显著的一元线性回归模型预测贫困大学生的心理健康，构建了贫困大学生心理健康显著的回归方程模型：心理健康=26.751 + 核心自我评价×2.053。具体来看，核心自我评价能显著正向预测贫困大学生的心理健康，决定系数大小表明核心自我评价能解释贫困大学生心理健康33.3%的变异大小。其线性回归图，如图7-15所示。

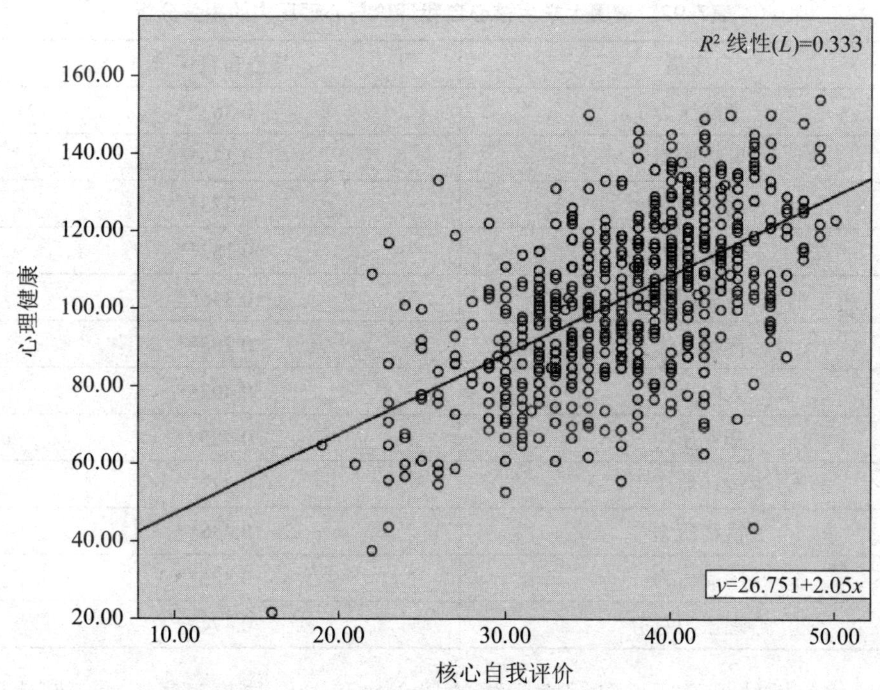

图7-15　心理健康对核心自我评价的线性回归图

五、贫困大学生核心自我评价与心理压力关系的调查分析

(一) 贫困大学生核心自我评价与心理压力的相关分析

采用皮尔逊积差相关分析方法对贫困大学生核心自我评价与贫困大学生的家庭压力、健康压力、适应压力、恋爱压力、自卑压力、挫折压力、人际压力、择业压力、学校环境压力、情绪压力、学业压力、心理压力总分进行相关分析，结果如表7-92所示。

表7-92　贫困大学生核心自我评价与心理压力的相关分析

自变量	核心自我评价
家庭压力	-0.363**
健康压力	-0.336**
适应压力	-0.323**
恋爱压力	-0.183**
自卑压力	-0.346**
挫折压力	-0.268**
人际压力	-0.402**
择业压力	-0.485**
学校环境压力	-0.379**
情绪压力	-0.438**
学业压力	-0.376**
心理压力总分	-0.474**

相关分析结果表明，贫困大学生的核心自我评价与其家庭压力、健康压力、适应压力、恋爱压力、自卑压力、挫折压力、人际压力、择业压力、学校环境压力、情绪压力、学业压力、心理压力总分均存在显著的负相关，相关系数为-0.183～-0.485，其中，核心自我评价与择业压力的相关程度最大，相关

系数为-0.485。换言之，民族地区高校贫困生的核心自我评价水平越高，其心理压力就越小。

(二) 贫困大学生核心自我评价预测家庭压力的一元线性回归分析

以贫困大学生核心自我评价为自变量、家庭压力为因变量，进行一元线性回归分析，结果如表7-93、表7-94、表7-95所示。

表7-93　贫困大学生核心自我评价预测家庭压力回归分析模型汇总

模型	*R*	*R* 方	调整 *R* 方	标准估计的误差
1	0.363	0.132	0.131	3.755

表7-94　贫困大学生核心自我评价预测家庭压力回归分析模型检验

模型		平方和	*df*	均方	*F*	Sig.
1	回归	1 338.814	1	1 338.814	94.965	0.000
	残差	8 797.109	624	14.098		
	总计	10 135.923	625			

表7-95　贫困大学生核心自我评价预测家庭压力回归分析系数检验

模型		非标准化系数		标准系数	*t*	Sig.
		B	标准误差			
1	(常量)	22.898	0.975		23.492	0.000
	核心自我评价	−0.252	0.026	−0.363	−9.745	0.000

表7-93、表7-94、表7-95的回归分析结果表明，贫困大学生核心自我评价能构成显著的一元线性回归模型预测贫困大学生的家庭压力，构建了贫困大学生家庭压力显著的回归方程模型：家庭压力=22.898 + 核心自我评价×(-0.252)。具体来看，核心自我评价能显著负向预测贫困大学生的家庭压力，决定系数大小表明核心自我评价能解释贫困大学生家庭压力13.2%的变异大小。其线性回归图，如图7-16所示。

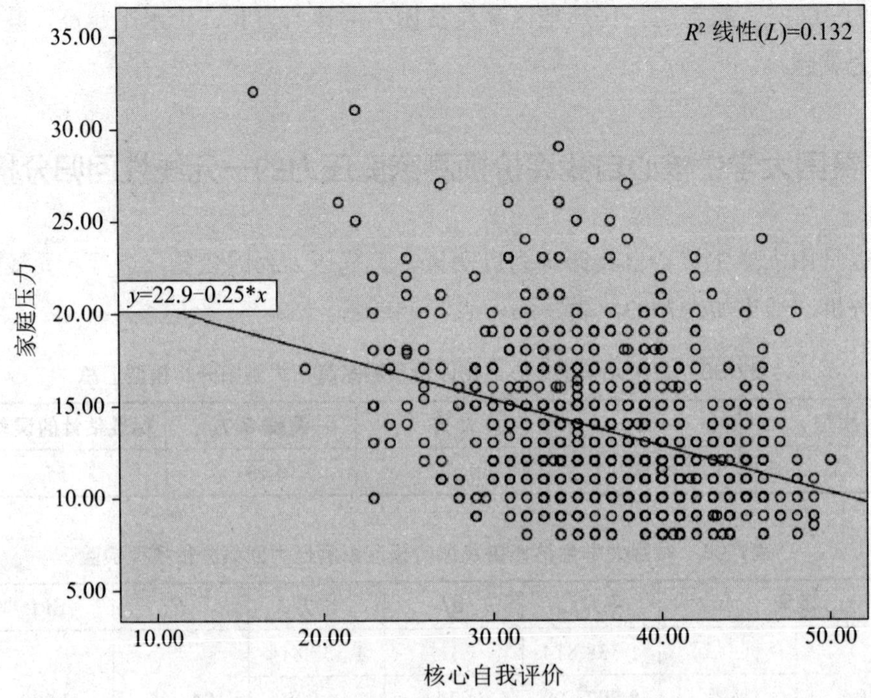

图7-16　家庭压力对核心自我评价的线性回归图

(三) 贫困大学生核心自我评价预测健康压力的一元线性回归分析

以贫困大学生核心自我评价为自变量、健康压力为因变量，进行一元线性回归分析，结果如表7-96、表7-97、表7-98所示。

表7-96　贫困大学生核心自我评价预测健康压力回归分析模型汇总

模型	*R*	*R* 方	调整 *R* 方	标准估计的误差
1	0.336	0.113	0.111	2.503 72

表7-97　贫困大学生核心自我评价预测健康压力回归分析模型检验

模型		平方和	*df*	均方	*F*	Sig.
1	回归	497.240	1	497.240	79.322	0.000
	残差	3 911.628	624	6.269		
	总计	4 408.868	625			

表7-98 贫困大学生核心自我评价预测健康压力回归分析系数检验

模型		非标准化系数		标准系数	*t*	Sig.
		B	标准误差			
1	(常量)	13.161	0.650		20.249	0.000
	核心自我评价	−0.154	0.017	−0.336	−8.906	0.000

表7-96、表7-97、表7-98的回归分析结果表明，贫困大学生核心自我评价能构成显著的一元线性回归模型预测贫困大学生的健康压力，构建了贫困大学生健康压力显著的回归方程模型：健康压力=13.161 + 核心自我评价×(−0.154)。具体来看，核心自我评价能显著负向预测贫困大学生的健康压力，决定系数大小表明核心自我评价能解释贫困大学生健康压力11.3%的变异大小。其线性回归图，如图7-17所示。

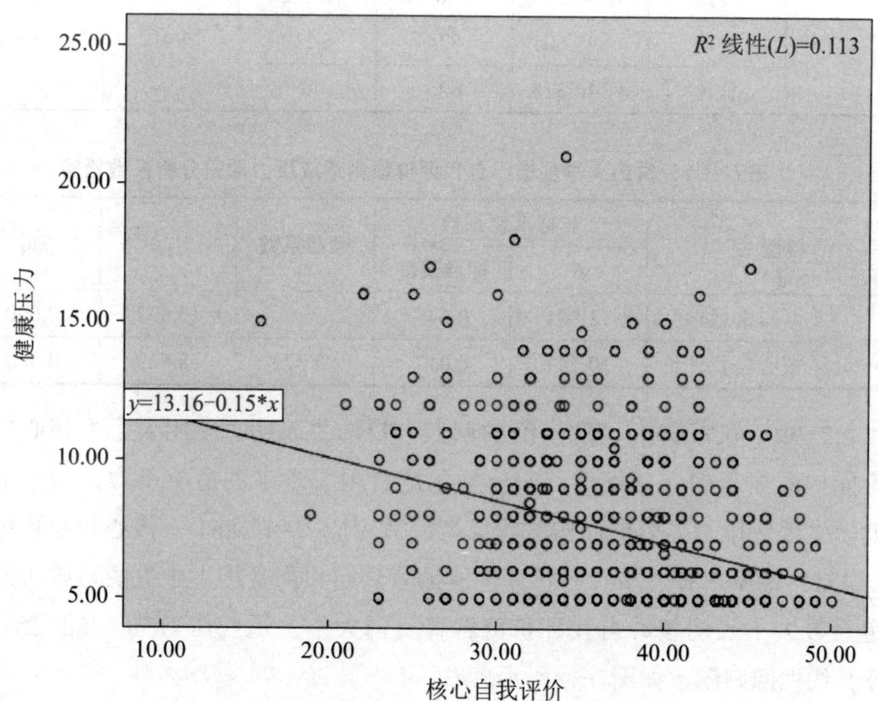

图7-17 健康压力对核心自我评价的线性回归图

(四) 贫困大学生核心自我评价预测适应压力的一元线性回归分析

以贫困大学生核心自我评价为自变量、适应压力为因变量，进行一元线性回归分析，结果如表7-99、表7-100、表7-101所示。

表7-99　贫困大学生核心自我评价预测适应压力回归分析模型汇总

模型	*R*	*R* 方	调整 *R* 方	标准估计的误差
1	0.323	0.105	0.103	2.497

表7-100　贫困大学生核心自我评价预测适应压力回归分析模型检验

模型		平方和	*df*	均方	*F*	Sig.
1	回归	454.728	1	454.728	72.914	0.000
	残差	3 891.601	624	6.237		
	总计	4 346.329	625			

表7-101　贫困大学生核心自我评价预测适应压力回归分析系数检验

模型		非标准化系数		标准系数	*t*	Sig.
		B	标准误差			
1	(常量)	12.861	0.648		19.837	0.000
	核心自我评价	−0.147	0.017	−0.323	−8.539	0.000

表7-99、表7-100、表7-101的回归分析结果表明，贫困大学生核心自我评价能构成显著的一元线性回归模型预测贫困大学生的适应压力，构建了贫困大学生适应压力显著的回归方程模型：适应压力=12.861 + 核心自我评价×(−0.147)。具体来看，核心自我评价能显著负向预测贫困大学生的适应压力，决定系数大小表明核心自我评价能解释贫困大学生适应压力10.5%的变异大小。其线性回归图，如图7-18所示。

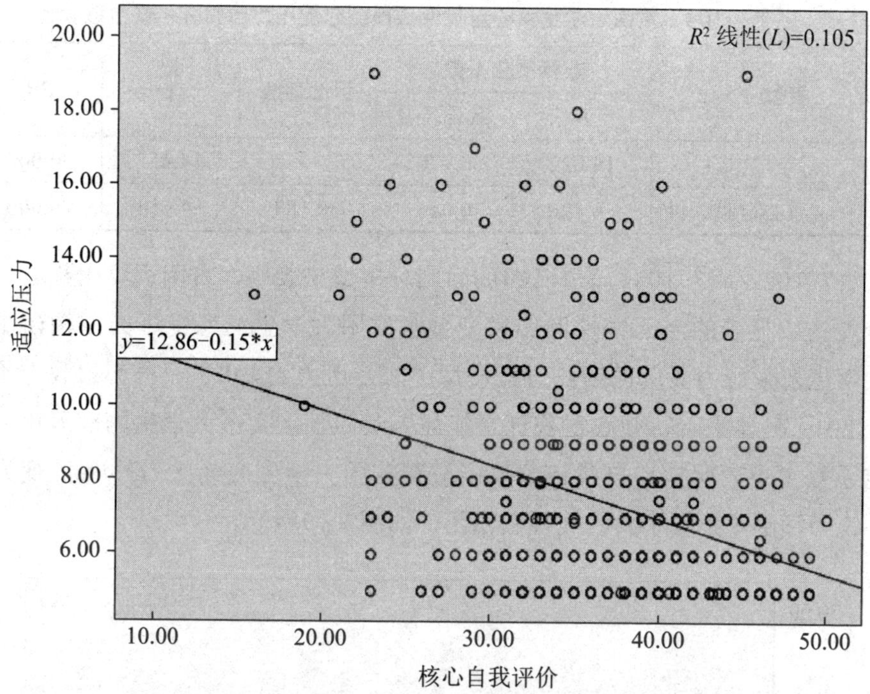

图7-18 适应压力对核心自我评价的线性回归图

(五) 贫困大学生核心自我评价预测恋爱压力的一元线性回归分析

以贫困大学生核心自我评价为自变量、恋爱压力为因变量，进行一元线性回归分析，结果如表7-102、表7-103、表7-104所示。

表7-102 贫困大学生核心自我评价预测恋爱压力回归分析模型汇总

模型	*R*	*R* 方	调整 *R* 方	标准估计的误差
1	0.183	0.034	0.032	3.736

表7-103 贫困大学生核心自我评价预测恋爱压力回归分析模型检验

模型		平方和	*df*	均方	*F*	Sig.
1	回归	302.319	1	302.319	21.659	0.000
	残差	8 709.772	624	13.958		
	总计	9 012.091	625			

表7-104　贫困大学生核心自我评价预测恋爱压力回归分析系数检验

模型		非标准化系数		标准系数	t	Sig.
		B	标准误差			
1	(常量)	14.022	0.970		14.457	0.000
	核心自我评价	−0.120	0.026	−0.183	−4.654	0.000

表7-102、表7-103、表7-104的回归分析结果表明，贫困大学生核心自我评价能构成显著的一元线性回归模型预测贫困大学生的恋爱压力，构建了贫困大学生恋爱压力显著的回归方程模型：恋爱压力=14.022 + 核心自我评价×(−0.120)。具体来看，核心自我评价能显著负向预测贫困大学生的恋爱压力，决定系数大小表明核心自我评价仅能解释贫困大学生恋爱压力3.4%的变异大小，说明预测效果较小。其线性回归图，如图7-19所示。

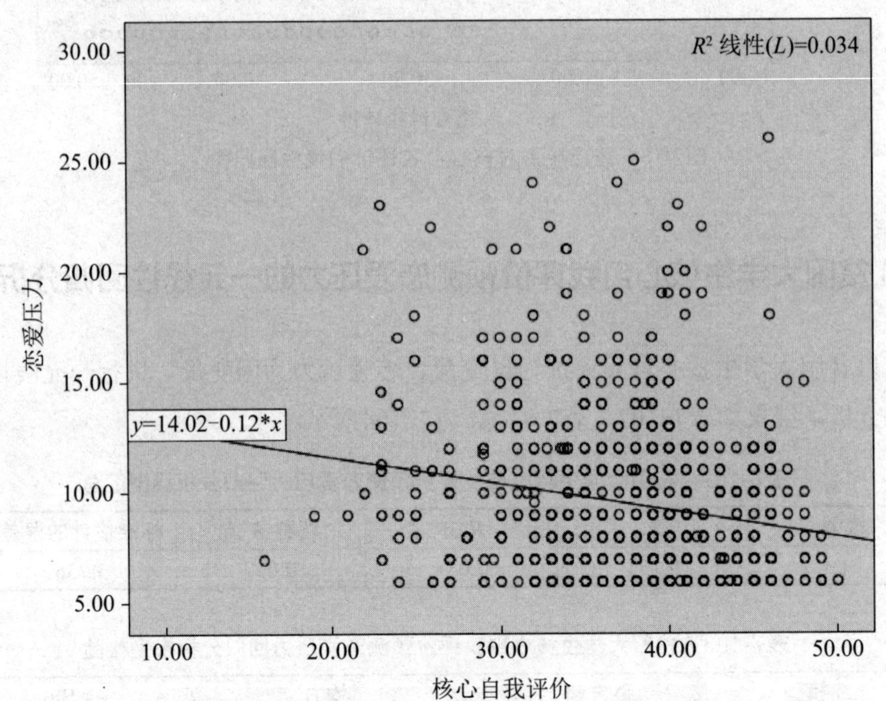

图7-19　恋爱压力对核心自我评价的线性回归图

(六) 贫困大学生核心自我评价预测自卑压力的一元线性回归分析

以贫困大学生核心自我评价为自变量、自卑压力为因变量，进行一元线性回归分析，结果如表7-105、表7-106、表7-107所示。

表7-105　贫困大学生核心自我评价预测自卑压力回归分析模型汇总

模型	*R*	*R* 方	调整 *R* 方	标准估计的误差
1	0.346	0.120	0.118	2.101

表7-106　贫困大学生核心自我评价预测自卑压力回归分析模型检验

模型		平方和	*df*	均方	*F*	Sig.
1	回归	375.307	1	375.307	84.992	0.000
	残差	2 755.466	624	4.416		
	总计	3 130.773	625			

表7-107　贫困大学生核心自我评价预测自卑压力回归分析系数检验

模型		非标准化系数		标准系数	*t*	Sig.
		B	标准误差			
1	(常量)	11.233	0.546		20.591	0.000
	核心自我评价	−0.134	0.014	−0.346	−9.219	0.000

表7-105、表7-106、表7-107的回归分析结果表明，贫困大学生核心自我评价能构成显著的一元线性回归模型预测贫困大学生的自卑压力，构建了贫困大学生自卑压力显著的回归方程模型：自卑压力=11.233 + 核心自我评价×(−0.134)。具体来看，核心自我评价能显著负向预测贫困大学生的自卑压力，决定系数大小表明核心自我评价能解释贫困大学生自卑压力12.0%的变异大小。其线性回归图，如图7-20所示。

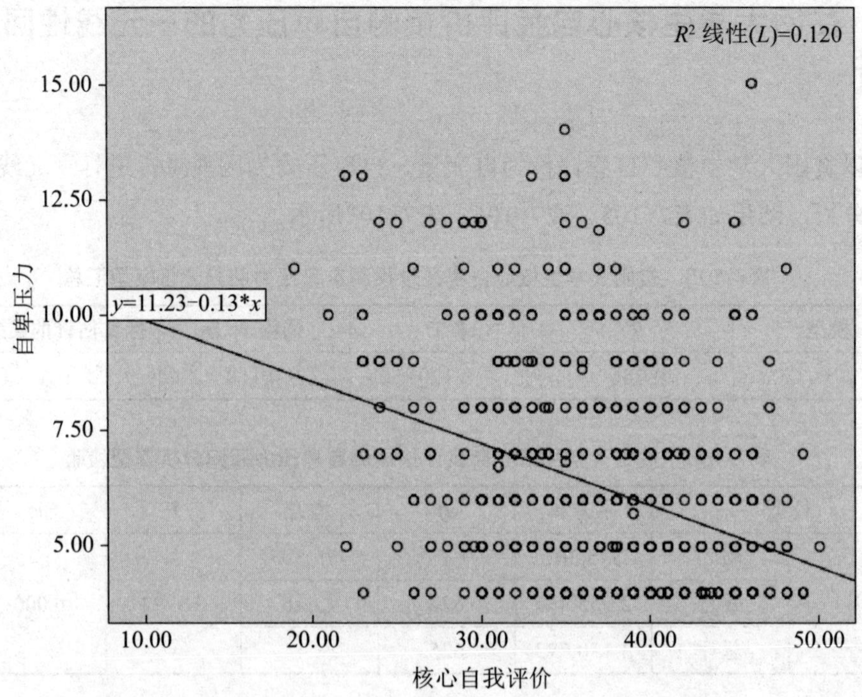

图7-20 自卑压力对核心自我评价的线性回归图

(七) 贫困大学生核心自我评价预测挫折压力的一元线性回归分析

以贫困大学生核心自我评价为自变量、挫折压力为因变量，进行一元线性回归分析，结果如表7-108、表7-109、表7-110所示。

表7-108 贫困大学生核心自我评价预测挫折压力回归分析模型汇总

模型	*R*	*R* 方	调整 *R* 方	标准估计的误差
1	0.268	0.072	0.070	2.748 17

表7-109 贫困大学生核心自我评价预测挫折压力回归分析模型检验

模型		平方和	*df*	均方	*F*	Sig.
1	回归	364.256	1	364.256	48.230	0.000
	残差	4 712.731	624	7.552		
	总计	5 076.987	625			

表7-110　贫困大学生核心自我评价预测挫折压力回归分析系数检验

模型		非标准化系数		标准系数	t	Sig.
		B	标准误差			
1	(常量)	12.695	0.713		17.794	0.000
	核心自我评价	−0.132	0.019	−0.268	−6.945	0.000

表7-108、表7-109、表7-110的回归分析结果表明，贫困大学生核心自我评价能构成显著的一元线性回归模型预测贫困大学生的挫折压力，构建了贫困大学生挫折压力显著的回归方程模型：挫折压力=12.695 + 核心自我评价×(−0.132)。具体来看，核心自我评价能显著负向预测贫困大学生的挫折压力，决定系数大小表明核心自我评价能解释贫困大学生挫折压力7.2%的变异大小。其线性回归图，如图7-21所示。

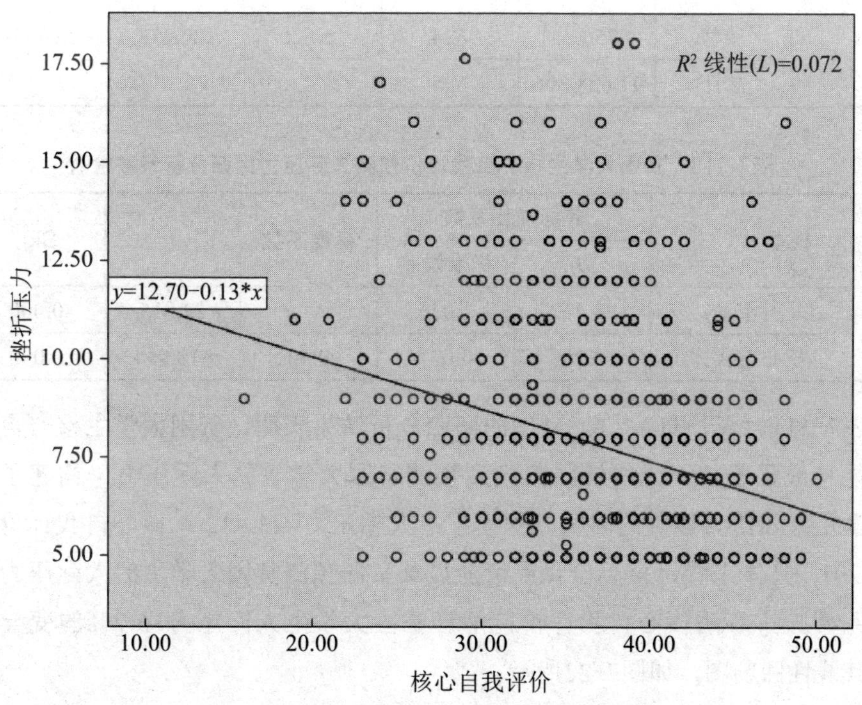

图7-21　挫折压力对核心自我评价的线性回归图

(八) 贫困大学生核心自我评价预测人际压力的一元线性回归分析

以贫困大学生核心自我评价为自变量、人际压力为因变量，进行一元线性回归分析，结果如表7-111、表7-112、表7-113所示。

表7-111　贫困大学生核心自我评价预测人际压力回归分析模型汇总

模型	*R*	*R* 方	调整 *R* 方	标准估计的误差
1	0.402	0.162	0.160	3.952 92

表7-112　贫困大学生核心自我评价预测人际压力回归分析模型检验

模型		平方和	*df*	均方	*F*	Sig.
1	回归	1 878.465	1	1 878.465	120.218	0.000
	残差	9 750.341	624	15.626		
	总计	11 628.806	625			

表7-113　贫困大学生核心自我评价预测人际压力回归分析系数检验

模型		非标准化系数		标准系数	*t*	Sig.
		B	标准误差			
1	(常量)	23.412	1.026		22.815	0.000
	核心自我评价	-0.299	0.027	-0.402	-10.964	0.000

表7-111、表7-112、表7-113的回归分析结果表明，贫困大学生核心自我评价能构成显著的一元线性回归模型预测贫困大学生的人际压力，构建了贫困大学生人际压力显著的回归方程模型：人际压力=23.412 + 核心自我评价×(-0.299)。具体来看，核心自我评价能显著负向预测贫困大学生的人际压力，决定系数大小表明核心自我评价能解释贫困大学生人际压力16.2%的变异大小。其线性回归图，如图7-22所示。

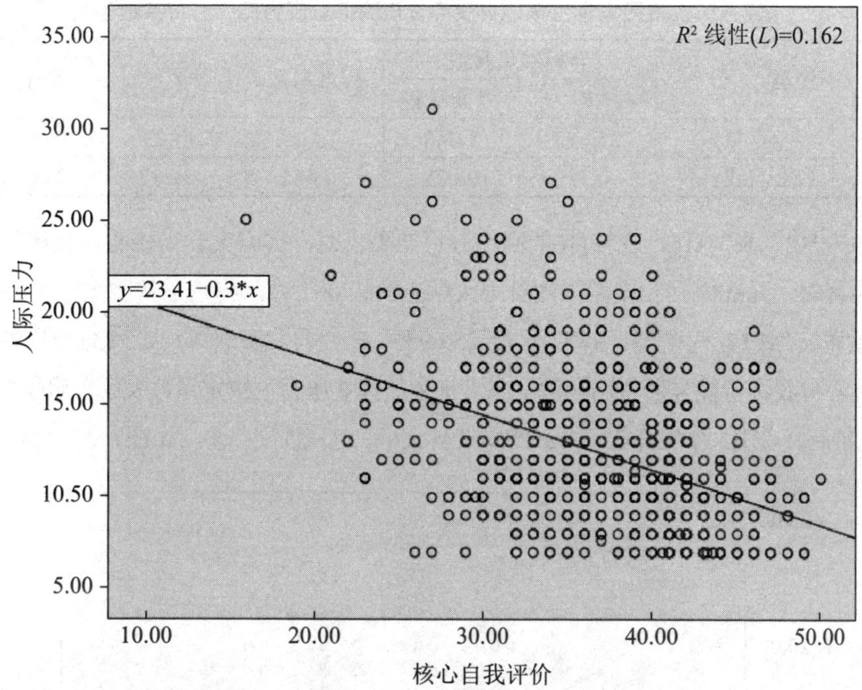

图7-22　人际压力对核心自我评价的线性回归图

(九) 贫困大学生核心自我评价预测择业压力的一元线性回归分析

以贫困大学生核心自我评价为自变量、择业压力为因变量，进行一元线性回归分析，结果如表7-114、表7-115、表7-116所示。

表7-114　贫困大学生核心自我评价预测择业压力回归分析模型汇总

模型	***R***	***R*** 方	调整 ***R*** 方	标准估计的误差
1	0.485	0.235	0.234	4.017

表7-115　贫困大学生核心自我评价预测择业压力回归分析模型检验

模型		平方和	***df***	均方	***F***	Sig.
1	回归	3 088.712	1	3 088.712	191.462	0.000
	残差	10 066.524	624	16.132		
	总计	13 155.236	625			

表7-116 贫困大学生核心自我评价预测择业压力回归分析系数检验

模型		非标准化系数		标准系数	t	Sig.
		B	标准误差			
1	(常量)	25.695	1.043		24.643	0.000
	核心自我评价	−0.383	0.028	−0.485	−13.837	0.000

表7-114、表7-115、表7-116的回归分析结果表明，贫困大学生核心自我评价能构成显著的一元线性回归模型预测贫困大学生的择业压力，构建了贫困大学生择业压力显著的回归方程模型：择业压力=25.695 + 核心自我评价×(−0.383)。具体来看，核心自我评价能显著负向预测贫困大学生的择业压力，决定系数大小表明核心自我评价能解释贫困大学生择业压力23.5%的变异大小。其线性回归图，如图7-23所示。

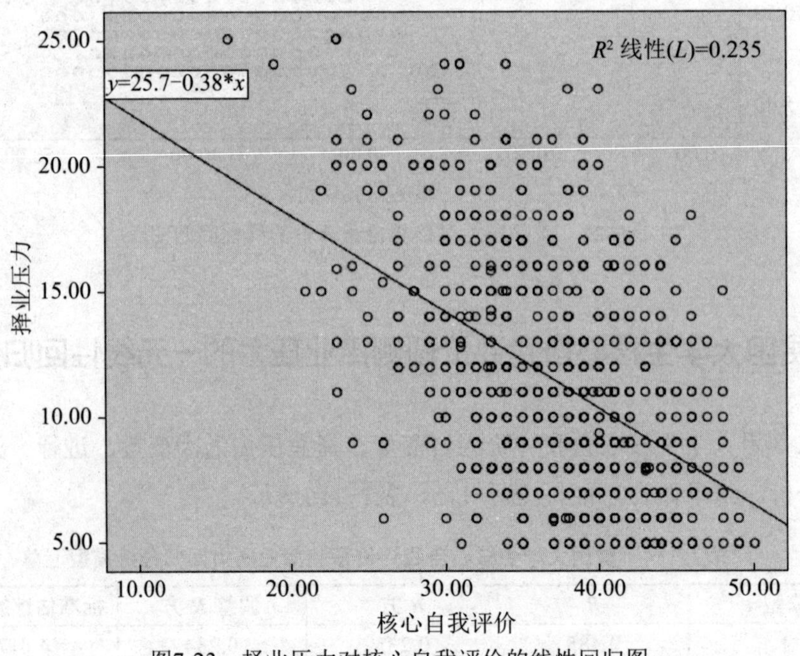

图7-23 择业压力对核心自我评价的线性回归图

(十) 贫困大学生核心自我评价预测学校环境压力的一元线性回归分析

以贫困大学生核心自我评价为自变量、学校环境压力为因变量，进行一元线性回归分析，结果如表7-117、表7-118、表7-119所示。

表7-117　贫困大学生核心自我评价预测学校环境压力回归分析模型汇总

模型	*R*	*R* 方	调整 *R* 方	标准估计的误差
1	0.379	0.143	0.142	3.608

表7-118　贫困大学生核心自我评价预测学校环境压力回归分析模型检验

模型		平方和	*df*	均方	*F*	Sig.
1	回归	1 359.173	1	1 359.173	104.407	0.000
	残差	8 123.281	624	13.018		
	总计	9 482.454	625			

表7-119　贫困大学生核心自我评价预测学校环境压力回归分析系数检验

模型		非标准化系数		标准系数	*t*	Sig.
		B	标准误差			
1	(常量)	20.164	0.937		21.527	0.000
	核心自我评价	−0.254	0.025	−0.379	−10.218	0.000

表7-117、表7-118、表7-119的回归分析结果表明，贫困大学生核心自我评价能构成显著的一元线性回归模型预测贫困大学生的学校环境压力，构建了贫困大学生学校环境压力显著的回归方程模型：学校环境压力=20.164 + 核心自我评价×(−0.254)。具体来看，核心自我评价能显著负向预测贫困大学生的学校环境压力，决定系数大小表明核心自我评价能解释贫困大学生学校环境压力14.3%的变异大小。其线性回归图，如图7-24所示。

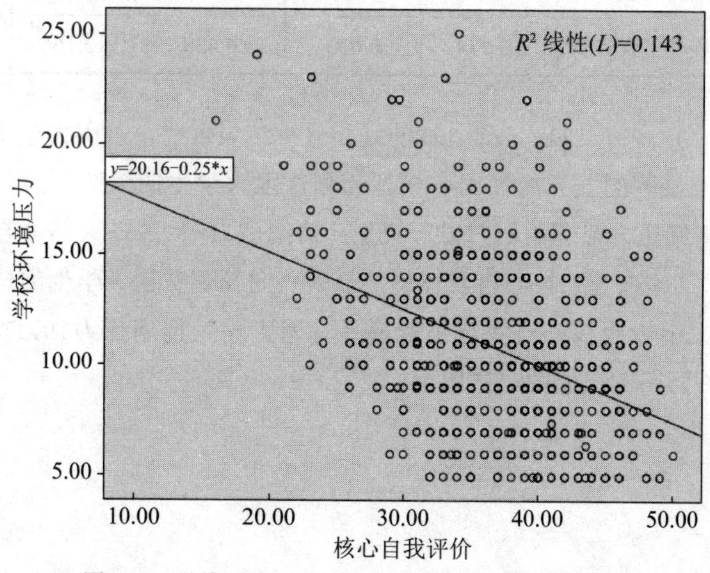

图7-24　学校环境压力对核心自我评价的线性回归图

(十一) 贫困大学生核心自我评价预测情绪压力的一元线性回归分析

以贫困大学生核心自我评价为自变量、情绪压力为因变量，进行一元线性回归分析，结果如表7-120、表7-121、表7-122所示。

表7-120 贫困大学生核心自我评价预测情绪压力回归分析模型汇总

模型	*R*	*R* 方	调整 *R* 方	标准估计的误差
1	0.438	0.192	0.190	3.268

表7-121 贫困大学生核心自我评价预测情绪压力回归分析模型检验

模型		平方和	*df*	均方	*F*	Sig.
1	回归	1 580.548	1	1 580.548	148.016	0.000
	残差	6 663.208	624	10.678		
	总计	8 243.756	625			

表7-122 贫困大学生核心自我评价预测情绪压力回归分析系数检验

模型		非标准化系数		标准系数	*t*	Sig.
		B	标准误差			
1	(常量)	19.567	0.848		23.066	0.000
	核心自我评价	−0.274	0.023	−0.438	−12.166	0.000

表7-120、表7-121、表7-122的回归分析结果表明，贫困大学生核心自我评价能构成显著的一元线性回归模型预测贫困大学生的情绪压力，构建了贫困大学生情绪压力显著的回归方程模型：情绪压力=19.567 + 核心自我评价×(−0.274)。具体来看，核心自我评价能显著负向预测贫困大学生的情绪压力，决定系数大小表明核心自我评价能解释贫困大学生情绪压力19.2%的变异大小。其线性回归图，如图7-25所示。

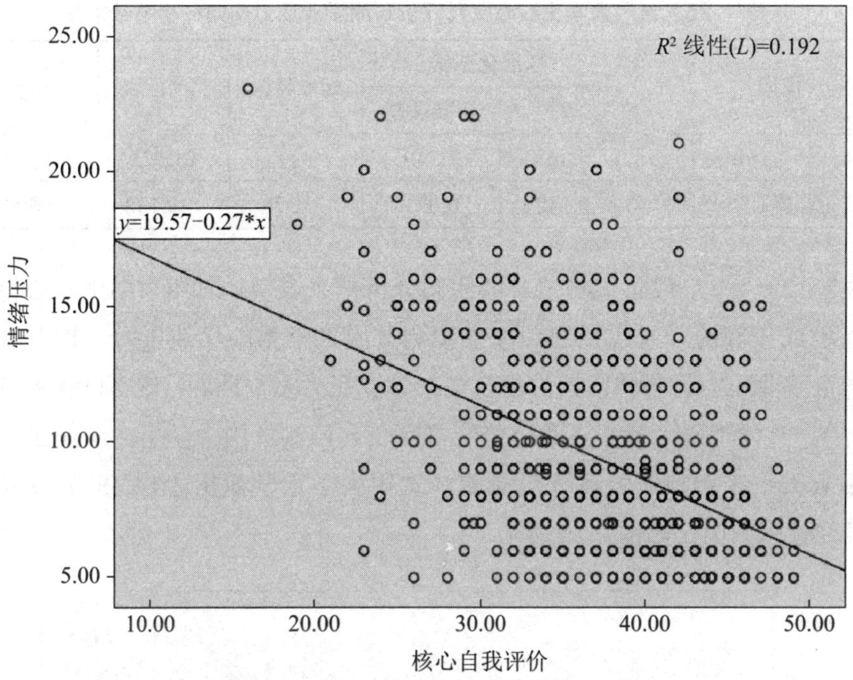

图7-25　情绪压力对核心自我评价的线性回归图

(十二) 贫困大学生核心自我评价预测学业压力的一元线性回归分析

以贫困大学生核心自我评价为自变量、学业压力为因变量，进行一元线性回归分析，结果如表7-123、表7-124、表7-125所示。

表7-123　贫困大学生核心自我评价预测学业压力回归分析模型汇总

模型	***R***	***R* 方**	**调整 *R* 方**	标准估计的误差
1	0.376	0.141	0.140	4.463

表7-124　贫困大学生核心自我评价预测学业压力回归分析模型检验

模型		平方和	*df*	均方	*F*	Sig.
1	回归	2 044.751	1	2 044.751	102.655	0.000
	残差	12 429.199	624	19.919		
	总计	14 473.950	625			

表7-125 贫困大学生核心自我评价预测学业压力回归分析系数检验

模型		非标准化系数		标准系数	t	Sig.
		B	标准误差			
1	(常量)	25.168	1.159		21.723	0.000
	核心自我评价	−0.312	0.031	−0.376	−10.132	0.000

表7-123、表7-124、表7-125的回归分析结果表明，贫困大学生核心自我评价能构成显著的一元线性回归模型预测贫困大学生的学业压力，构建了贫困大学生学业压力显著的回归方程模型：学业压力=25.168 + 核心自我评价×(−0.312)。具体来看，核心自我评价能显著负向预测贫困大学生的学业压力，决定系数大小表明核心自我评价能解释贫困大学生学业压力14.1%的变异大小。其线性回归图，如图7-26 所示。

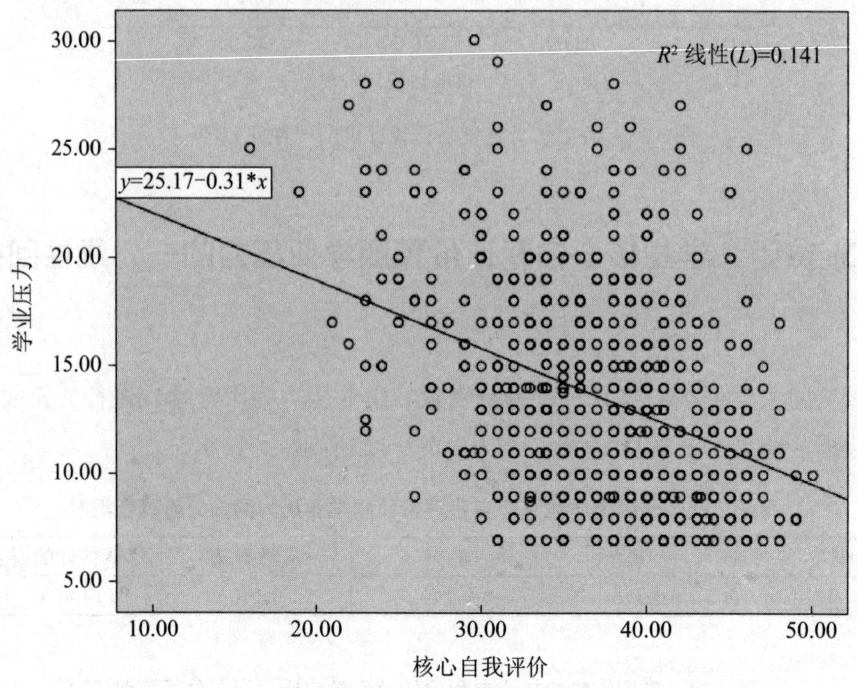

图7-26 学业压力对核心自我评价的线性回归图

(十三) 贫困大学生核心自我评价预测心理压力总分的一元线性回归分析

以贫困大学生核心自我评价为自变量、心理压力总分为因变量，进行一元线性回归分析，结果如表7-126、表7-127、表7-128所示。

表7-126　贫困大学生核心自我评价预测心理压力总分回归分析模型汇总

模型	*R*	*R* 方	调整 *R* 方	标准估计的误差
1	0.474	0.224	0.223	26.567

表7-127　贫困大学生核心自我评价预测心理压力总分回归分析模型检验

模型		平方和	*df*	均方	*F*	Sig.
1	回归	127 319.163	1	127 319.163	180.385	0.000
	残差	440 431.634	624	705.820		
	总计	567 750.797	625			

表7-128　贫困大学生核心自我评价预测心理压力总分回归分析系数检验

模型		非标准化系数		标准系数	*t*	Sig.
		B	标准误差			
1	(常量)	200.877	6.897		29.125	0.000
	核心自我评价	−2.462	0.183	−0.474	−13.431	0.000

表7-126、表7-127、表7-128的回归分析结果表明，贫困大学生核心自我评价能构成显著的一元线性回归模型预测贫困大学生的心理压力总分，构建了贫困大学生心理压力总分显著的回归方程模型：心理压力总分=200.877 + 核心自我评价×(−2.462)。具体来看，核心自我评价能显著负向预测贫困大学生的心理压力总分，决定系数大小表明核心自我评价能解释贫困大学生心理压力总分22.4%的变异大小。其线性回归图，如图7-27所示。

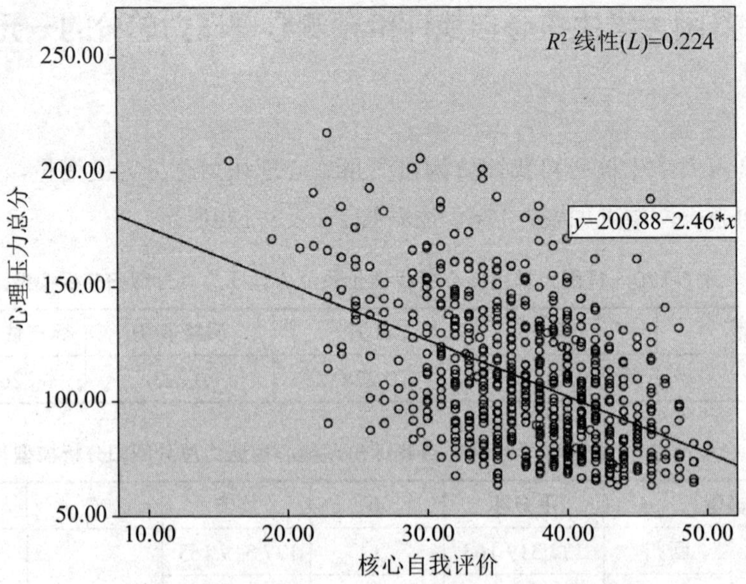

图7-27 心理压力总分对核心自我评价的线性回归图

六、贫困大学生心理健康与心理压力关系的调查分析

(一) 贫困大学生心理健康与心理压力的相关分析

采用皮尔逊积差相关分析方法对贫困大学生心理健康与贫困大学生的家庭压力、健康压力、适应压力、恋爱压力、自卑压力、挫折压力、人际压力、择业压力、学校环境压力、情绪压力、学业压力、心理压力总分进行相关分析，结果如表7-129所示。

表7-129 贫困大学生心理健康与心理压力的相关分析

心理压力	心理健康
家庭压力	-0.453**
健康压力	-0.441**
适应压力	-0.394**
恋爱压力	-0.240**
自卑压力	-0.360**
挫折压力	-0.299**

(续表)

心理压力	心理健康
人际压力	-0.491**
择业压力	-0.511**
学校环境压力	-0.471**
情绪压力	-0.581**
学业压力	-0.466**
心理压力总分	-0.572**

相关分析结果表明，贫困大学生的心理健康与其家庭压力、健康压力、适应压力、恋爱压力、自卑压力、挫折压力、人际压力、择业压力、学校环境压力、情绪压力、学业压力、心理压力总分均存在显著的负相关，而且相关程度比较高，相关系数为-0.240～-0.581，其中，心理健康与情绪压力的相关程度最大，相关系数为-0.581。换言之，民族地区高校贫困生的心理健康程度越高，其心理压力就越小。

(二) 贫困大学生家庭压力预测心理健康的一元线性回归分析

以贫困大学生心理压力的家庭压力为自变量、心理健康为因变量，进行一元线性回归分析，结果如表7-130、表7-131、表7-132所示。

表7-130　贫困大学生家庭压力预测心理健康回归分析模型汇总

模型	*R*	*R* 方	调整 *R* 方	标准估计的误差
1	0.453	0.205	0.204	18.389

表7-131　贫困大学生家庭压力预测心理健康回归分析模型检验

模型		平方和	*df*	均方	*F*	Sig.
1	回归	54 441.200	1	54 441.200	160.993	0.000
	残差	211 010.574	624	338.158		
	总计	265 451.774	625			

表7-132　贫困大学生家庭压力预测心理健康回归分析系数检验

模型		非标准化系数		标准系数	*t*	Sig.
		B	标准误差			
1	(常量)	134.375	2.575		52.180	0.000
	家庭压力	-2.318	0.183	-0.453	-12.688	0.000

表7-130、表7-131、表7-132的回归分析结果表明，贫困大学生家庭压力能构成显著的一元线性回归模型预测贫困大学生的心理健康，构建了贫困大学生心理健康显著的回归方程模型：心理健康=134.375 + 家庭压力×(-2.318)。具体来看，家庭压力能显著负向预测贫困大学生的心理健康，决定系数大小表明家庭压力能解释贫困大学生心理健康20.5%的变异大小。其线性回归图，如图7-28所示。

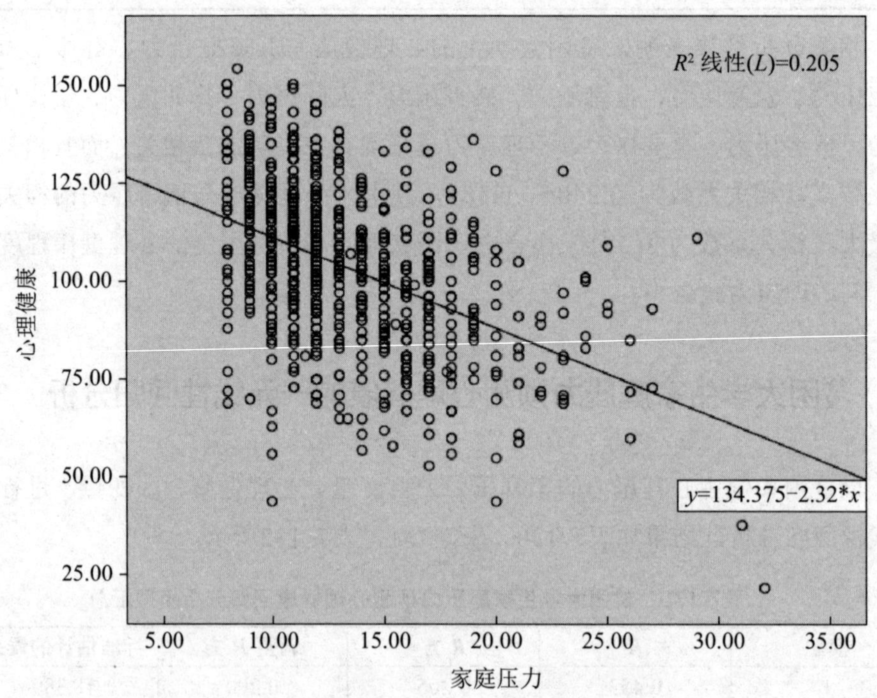

图7-28　心理健康对家庭压力的线性回归图

(三) 贫困大学生健康压力预测心理健康的一元线性回归分析

以贫困大学生心理压力的健康压力为自变量、心理健康为因变量，进行一元线性回归分析，结果如表7-133、表7-134、表7-135所示。

表7-133　贫困大学生健康压力预测心理健康回归分析模型汇总

模型	*R*	*R* 方	调整 *R* 方	标准估计的误差
1	0.441	0.195	0.194	18.507 47

表7-134 贫困大学生健康压力预测心理健康回归分析模型检验

模型		平方和	*df*	均方	*F*	Sig.
1	回归	51 715.196	1	51 715.196	150.982	0.000
	残差	213 736.577	624	342.527		
	总计	265 451.773	625			

表7-135 贫困大学生健康压力预测心理健康回归分析系数检验

模型		非标准化系数		标准系数	*t*	Sig.
		B	标准误差			
1	(常量)	128.545	2.202		58.373	0.000
	健康压力	−3.425	0.279	−0.441	−12.287	0.000

表7-133、表7-134、表7-135的回归分析结果表明，贫困大学生健康压力能构成显著的一元线性回归模型预测贫困大学生的心理健康，构建了贫困大学生心理健康显著的回归方程模型：心理健康=128.545 + 健康压力×(−3.425)。具体来看，健康压力能显著负向预测贫困大学生的心理健康，决定系数大小表明健康压力能解释贫困大学生心理健康19.5%的变异大小。其线性回归图，如图7-29所示。

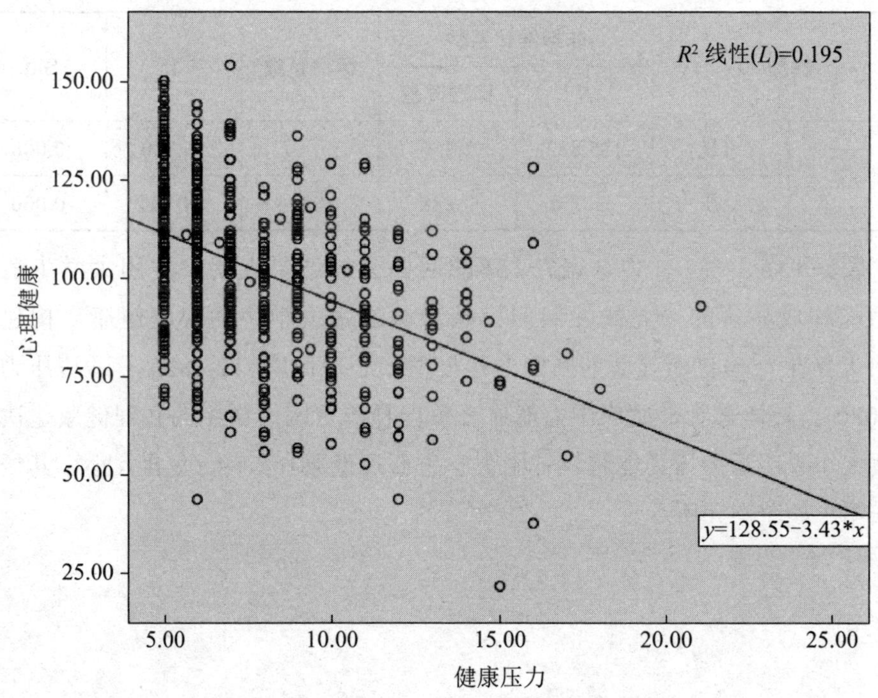

图7-29 心理健康对健康压力的线性回归图

(四) 贫困大学生适应压力预测心理健康的一元线性回归分析

以贫困大学生心理压力的适应压力为自变量、心理健康为因变量，进行一元线性回归分析，结果如表7-136、表7-137、表7-138所示。

表7-136 贫困大学生适应压力预测心理健康回归分析模型汇总

模型	*R*	*R* 方	调整 *R* 方	标准估计的误差
1	0.394	0.155	0.154	18.956

表7-137 贫困大学生适应压力预测心理健康回归分析模型检验

模型		平方和	*df*	均方	*F*	Sig.
1	回归	41 232.178	1	41 232.178	114.749	0.000
	残差	224 219.596	624	359.326		
	总计	265 451.774	625			

表7-138 贫困大学生适应压力预测心理健康回归分析系数检验

模型		非标准化系数		标准系数	*t*	Sig.
		B	标准误差			
1	(常量)	125.823	2.256		55.770	0.000
	适应压力	-3.080	0.288	-0.394	-10.712	0.000

表7-136、表7-137、表7-138的回归分析结果表明，贫困大学生适应压力能构成显著的一元线性回归模型预测贫困大学生的心理健康，构建了贫困大学生心理健康显著的回归方程模型：心理健康=125.823 + 适应压力×(-3.080)。具体来看，适应压力能显著负向预测贫困大学生的心理健康，决定系数大小表明适应压力能解释贫困大学生心理健康15.5%的变异大小。其线性回归图，如图7-30所示。

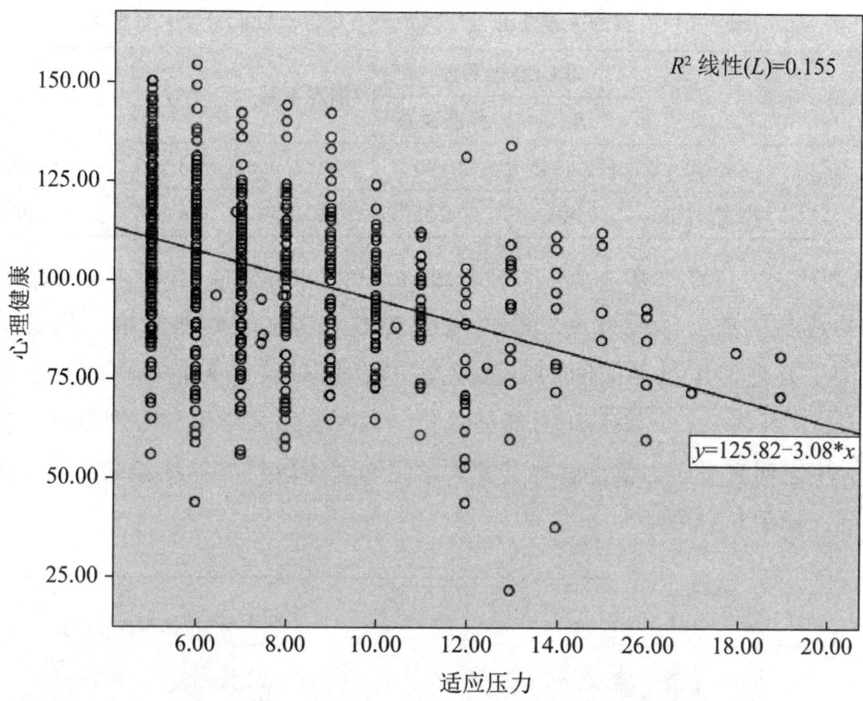

图7-30　心理健康对适应压力的线性回归图

(五) 贫困大学生恋爱压力预测心理健康的一元线性回归分析

以贫困大学生心理压力的恋爱压力为自变量、心理健康为因变量，进行一元线性回归分析，结果如表7-139、表7-140、表7-141所示。

表7-139　贫困大学生恋爱压力预测心理健康回归分析模型汇总

模型	*R*	*R* 方	调整 *R* 方	标准估计的误差
1	0.240	0.057	0.056	20.024

表7-140　贫困大学生恋爱压力预测心理健康回归分析模型检验

模型		平方和	*df*	均方	*F*	Sig.
1	回归	15 243.225	1	15 243.225	38.015	0.000
	残差	250 208.549	624	400.975		
	总计	265 451.774	625			

表7-141　贫困大学生恋爱压力预测心理健康回归分析系数检验

模型		非标准化系数		标准系数	t	Sig.
		B	标准误差			
1	(常量)	115.494	2.170		53.225	0.000
	恋爱压力	-1.301	0.211	-0.240	-6.166	0.000

表7-139、表7-140、表7-141的回归分析结果表明，贫困大学生恋爱压力能构成显著的一元线性回归模型预测贫困大学生的心理健康，构建了贫困大学生心理健康显著的回归方程模型：心理健康=115.494 + 恋爱压力×(-1.301)。具体来看，恋爱压力能显著负向预测贫困大学生的心理健康，决定系数大小表明恋爱压力仅能解释贫困大学生心理健康5.7%的变异大小。其线性回归图，如图7-31所示。

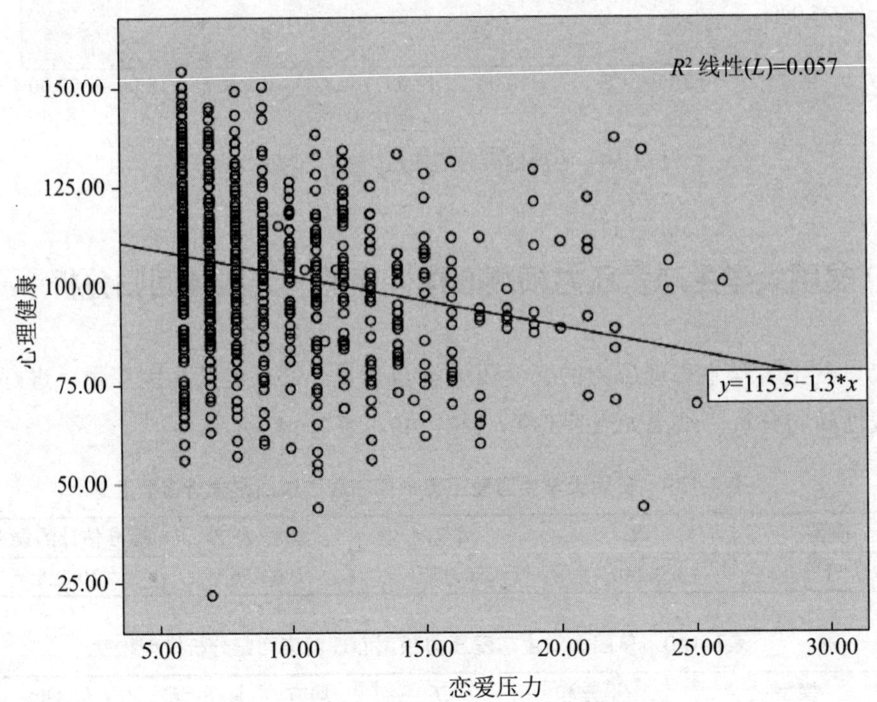

图7-31　心理健康对恋爱压力的线性回归图

(六) 贫困大学生自卑压力预测心理健康的一元线性回归分析

以贫困大学生心理压力的自卑压力为自变量、心理健康为因变量，进行一元线性回归分析，结果如表7-142、表7-143、表7-144所示。

表7-142　贫困大学生自卑压力预测心理健康回归分析模型汇总

模型	R	R 方	调整 R 方	标准估计的误差
1	0.360	0.130	0.128	19.240

表7-143　贫困大学生自卑压力预测心理健康回归分析模型检验

模型		平方和	df	均方	F	Sig.
1	回归	34 451.464	1	34 451.464	93.064	0.000
	残差	231 000.310	624	370.193		
	总计	265 451.774	625			

表7-144　贫困大学生自卑压力预测心理健康回归分析系数检验

模型		非标准化系数		标准系数	t	Sig.
		B	标准误差			
1	(常量)	123.836	2.287		54.149	0.000
	自卑压力	−3.317	0.344	−0.360	−9.647	0.000

表7-142、表7-143、表7-144的回归分析结果表明，贫困大学生自卑压力能构成显著的一元线性回归模型预测贫困大学生的心理健康，构建了贫困大学生心理健康显著的回归方程模型：心理健康=123.836 + 自卑压力×(−3.317)。具体来看，自卑压力能显著负向预测贫困大学生的心理健康，决定系数大小表明自卑压力能解释贫困大学生心理健康13.0%的变异大小。其线性回归图，如图7-32所示。

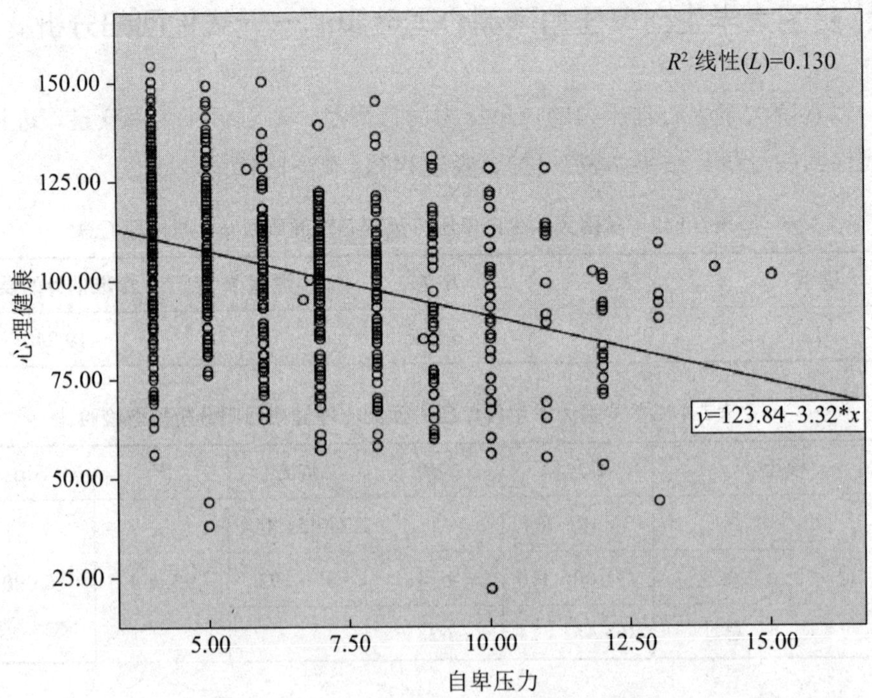

图7-32　心理健康对自卑压力的线性回归图

(七) 贫困大学生挫折压力预测心理健康的一元线性回归分析

以贫困大学生心理压力的挫折压力为自变量、心理健康为因变量，进行一元线性回归分析，结果如表7-145、表7-146、表7-147所示。

表7-145　贫困大学生挫折压力预测心理健康回归分析模型汇总

模型	*R*	*R* 方	调整 *R* 方	标准估计的误差
1	0.299	0.089	0.088	19.681

表7-146　贫困大学生挫折压力预测心理健康回归分析模型检验

模型		平方和	*df*	均方	*F*	Sig.
1	回归	23 756.892	1	23 756.892	61.335	0.000
	残差	241 694.882	624	387.332		
	总计	265 451.774	625			

表7-147　贫困大学生挫折压力预测心理健康回归分析系数检验

模型		非标准化系数		标准系数	t	Sig.
		B	标准误差			
1	(常量)	119.930	2.293		52.294	0.000
	挫折压力	-2.163	0.276	-0.299	-7.832	0.000

表7-145、表7-146、表7-147的回归分析结果表明，贫困大学生挫折压力能构成显著的一元线性回归模型预测贫困大学生的心理健康，构建了贫困大学生心理健康显著的回归方程模型：心理健康=19.930 + 挫折压力×(-2.163)。具体来看，挫折压力能显著负向预测贫困大学生的心理健康，决定系数大小表明挫折压力能解释贫困大学生心理健康8.9%的变异大小。其线性回归图，如图7-33所示。

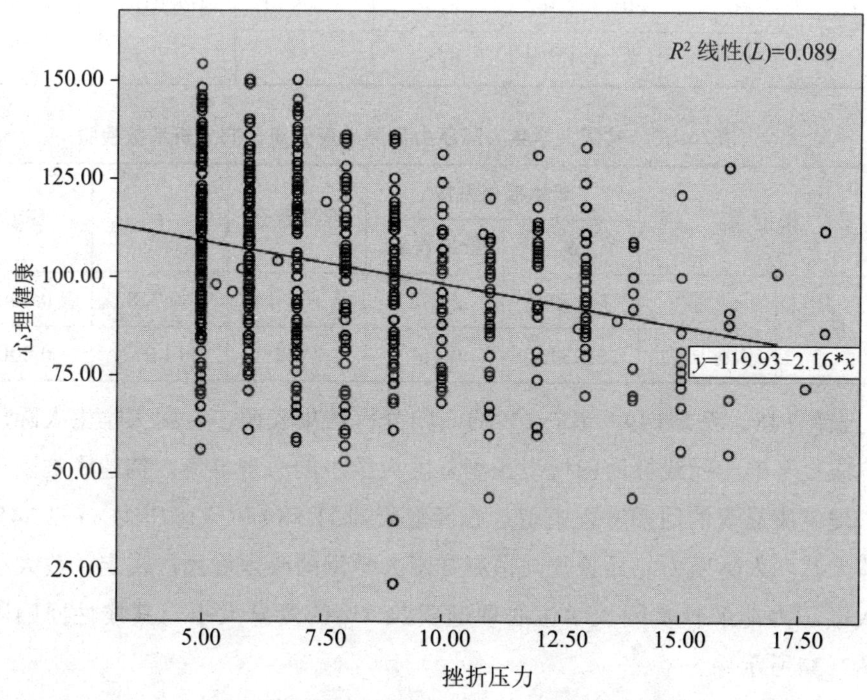

图7-33　心理健康对挫折压力的线性回归图

(八) 贫困大学生人际压力预测心理健康的一元线性回归分析

以贫困大学生心理压力的人际压力为自变量、心理健康为因变量，进行一元线性回归分析，结果如表7-148、表7-149、表7-150所示。

表7-148 贫困大学生人际压力预测心理健康回归分析模型汇总

模型	R	R 方	调整 R 方	标准估计的误差
1	0.491	0.241	0.240	17.970

表7-149 贫困大学生人际压力预测心理健康回归分析模型检验

模型		平方和	*df*	均方	F	Sig.
1	回归	63 943.411	1	63 943.411	198.010	0.000
	残差	201 508.363	624	322.930		
	总计	265 451.774	625			

表7-150 贫困大学生人际压力预测心理健康回归分析系数检验

模型		非标准化系数		标准系数	t	Sig.
		B	标准误差			
1	(常量)	131.889	2.171		60.748	0.000
	人际压力	−2.345	0.167	−0.491	−14.072	0.000

表7-148、表7-149、表7-150的回归分析结果表明，贫困大学生人际压力能构成显著的一元线性回归模型预测贫困大学生的心理健康，构建了贫困大学生心理健康显著的回归方程模型：心理健康=131.889 + 人际压力×(−2.345)。具体来看，人际压力能显著负向预测贫困大学生的心理健康，决定系数大小表明人际压力能解释贫困大学生心理健康24.1%的变异大小。其线性回归图，如图7-34所示。

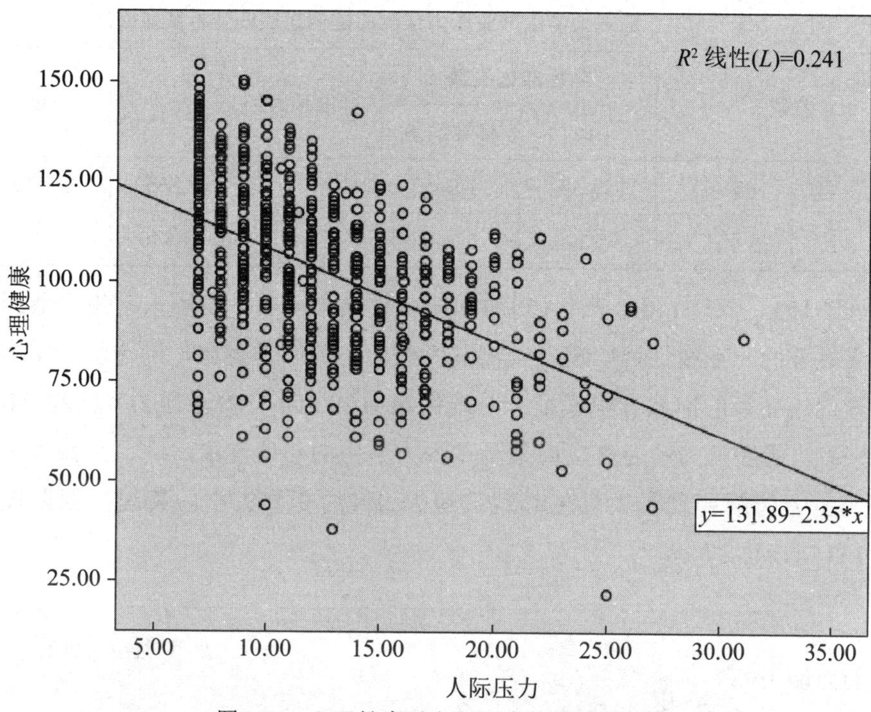

图7-34　心理健康对人际压力的线性回归图

(九) 贫困大学生择业压力预测心理健康的一元线性回归分析

以贫困大学生心理压力的择业压力为自变量、心理健康为因变量，进行一元线性回归分析，结果如表7-151、表7-152、表7-153所示。

表7-151　贫困大学生择业压力预测心理健康回归分析模型汇总

模型	***R***	***R* 方**	**调整 *R* 方**	标准估计的误差
1	0.511	0.261	0.260	17.732

表7-152　贫困大学生择业压力预测心理健康回归分析模型检验

模型		平方和	*df*	均方	*F*	Sig.
1	回归	69 244.037	1	69 244.037	220.217	0.000
	残差	196 207.737	624	314.435		
	总计	265 451.774	625			

表7-153　贫困大学生择业压力预测心理健康回归分析系数检验

模型		非标准化系数		标准系数	t	Sig.
		B	标准误差			
1	(常量)	129.304	1.905		67.865	0.000
	择业压力	-2.294	0.155	-0.511	-14.840	0.000

表7-151、表7-152、表7-153的回归分析结果表明，贫困大学生择业压力能构成显著的一元线性回归模型预测贫困大学生的心理健康，构建了贫困大学生心理健康显著的回归方程模型：心理健康=129.304 + 择业压力×(-2.294)。具体来看，择业压力能显著负向预测贫困大学生的心理健康，决定系数大小表明择业压力能解释贫困大学生心理健康26.1%的变异大小。其线性回归图，如图7-35所示。

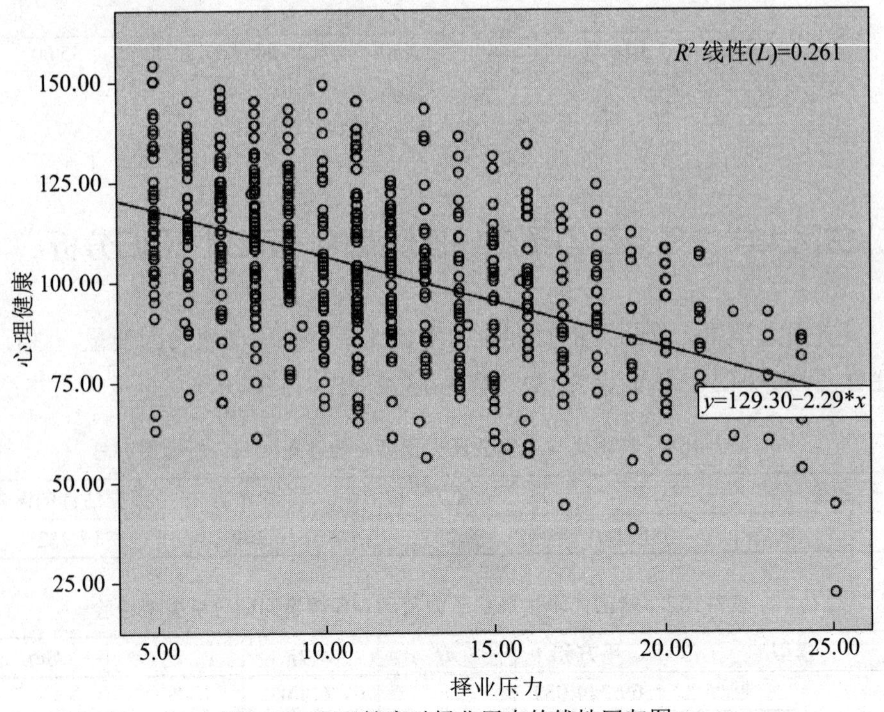

图7-35　心理健康对择业压力的线性回归图

(十) 贫困大学生学校环境压力预测心理健康的一元线性回归分析

以贫困大学生心理压力的学校环境压力为自变量、心理健康为因变量，进行一元线性回归分析，结果如表7-154、表7-155、表7-156所示。

表7-154　贫困大学生学校环境压力预测心理健康回归分析模型汇总

模型	*R*	*R* 方	调整 *R* 方	标准估计的误差
1	0.471	0.222	0.220	18.196 83

表7-155　贫困大学生学校环境压力预测心理健康回归分析模型检验

模型		平方和	*df*	均方	*F*	Sig.
1	回归	58 829.911	1	58 829.911	177.667	0.000
	残差	206 621.863	624	331.125		
	总计	265 451.774	625			

表7-156　贫困大学生学校环境压力预测心理健康回归分析系数检验

模型		非标准化系数		标准系数	*t*	Sig.
		B	标准误差			
1	(常量)	129.728	2.129		60.936	0.000
	学校环境压力	-2.491	0.187	-0.471	-13.329	0.000

表7-154、表7-155、表7-156的回归分析结果表明，贫困大学生学校环境压力能构成显著的一元线性回归模型预测贫困大学生的心理健康，构建了贫困大学生心理健康显著的回归方程模型：心理健康=129.728 + 学校环境压力×(-2.491)。具体来看，学校环境压力能显著负向预测贫困大学生的心理健康，决定系数大小表明学校环境压力能解释贫困大学生心理健康22.2%的变异大小。其线性回归图，如图7-36所示。

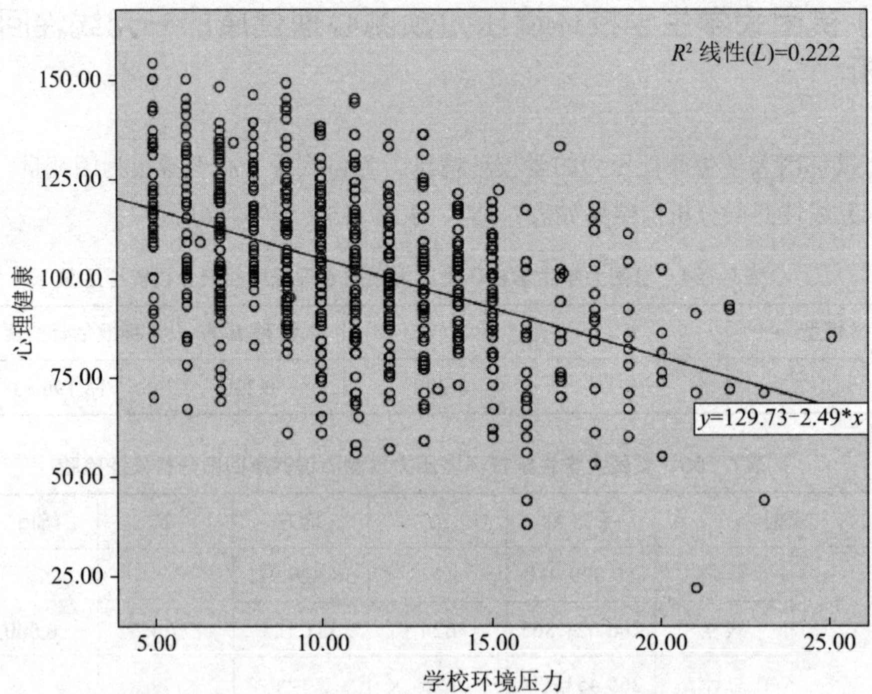

图7-36　心理健康对学校环境压力的线性回归图

(十一) 贫困大学生情绪压力预测心理健康的一元线性回归分析

以贫困大学生心理压力的情绪压力为自变量、心理健康为因变量，进行一元线性回归分析，结果如表7-157、表7-158、表7-159所示。

表7-157　贫困大学生情绪压力预测心理健康回归分析模型汇总

模型	*R*	*R* 方	调整 *R* 方	标准估计的误差
1	0.581	0.338	0.337	16.784

表7-158　贫困大学生情绪压力预测心理健康回归分析模型检验

模型		平方和	*df*	均方	*F*	Sig.
1	回归	89 677.445	1	89 677.445	318.356	0.000
	残差	175 774.329	624	281.690		
	总计	265 451.774	625			

表7-159 贫困大学生情绪压力预测心理健康回归分析系数检验

模型		非标准化系数		标准系数	t	Sig.
		B	标准误差			
1	(常量)	133.961	1.857		72.126	0.000
	情绪压力	−3.298	0.185	−0.581	−17.843	0.000

表7-157、表7-158、表7-159的回归分析结果表明，贫困大学生情绪压力能构成显著的一元线性回归模型预测贫困大学生的心理健康，构建了贫困大学生心理健康显著的回归方程模型：心理健康=133.961 + 情绪压力×(−3.298)。具体来看，情绪压力能显著负向预测贫困大学生的心理健康，决定系数大小表明情绪压力能解释贫困大学生心理健康33.8%的变异大小。其线性回归图，如图7-37所示。

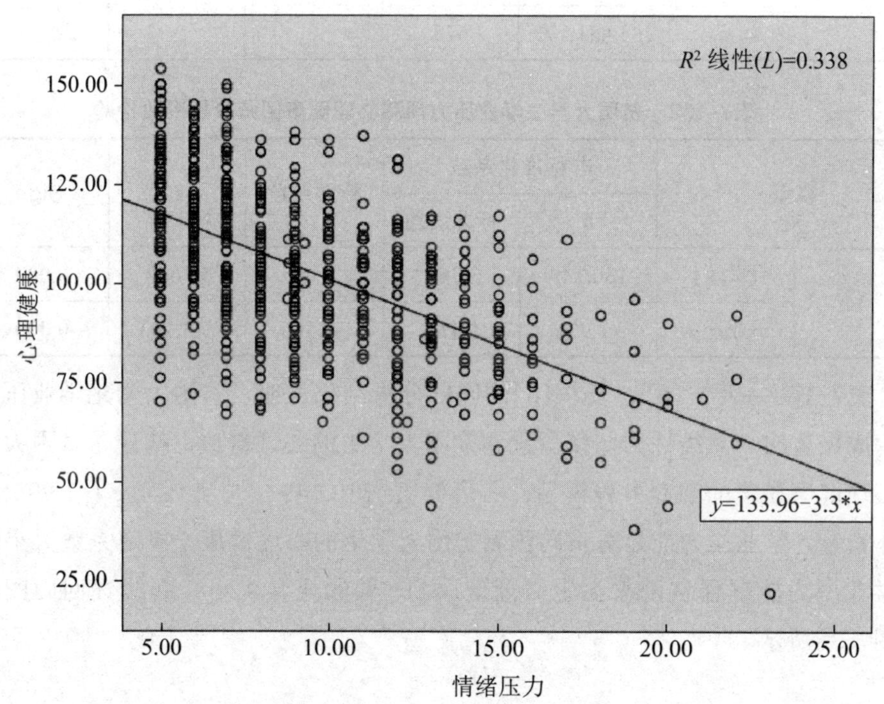

图7-37 心理健康对情绪压力的线性回归图

(十二) 贫困大学生学业压力预测心理健康的一元线性回归分析

以贫困大学生心理压力的学业压力为自变量、心理健康为因变量，进行一元线性回归分析，结果如表7-160、表7-161、表7-162所示。

表7-160　贫困大学生学业压力预测心理健康回归分析模型汇总

模型	R	R 方	调整 R 方	标准估计的误差
1	0.466	0.217	0.216	18.247

表7-161　贫困大学生学业压力预测心理健康回归分析模型检验

模型		平方和	df	均方	F	Sig.
1	回归	57 690.049	1	57 690.049	173.269	0.000
	残差	207 761.724	624	332.951		
	总计	265 451.773	625			

表7-162　贫困大学生学业压力预测心理健康回归分析系数检验

模型		非标准化系数		标准系数	t	Sig.
		B	标准误差			
1	(常量)	130.149	2.183		59.608	0.000
	学业压力	-1.996	0.152	-0.466	-13.163	0.000

表7-160、表7-161、表7-162的回归分析结果表明，贫困大学生学业压力能构成显著的一元线性回归模型预测贫困大学生的心理健康，构建了贫困大学生心理健康显著的回归方程模型：心理健康=130.149 + 学业压力×(-1.996)。具体来看，学业压力能显著负向预测贫困大学生的心理健康，决定系数大小表明学业压力能解释贫困大学生心理健康21.7%的变异大小。其线性回归图，如图7-38所示。

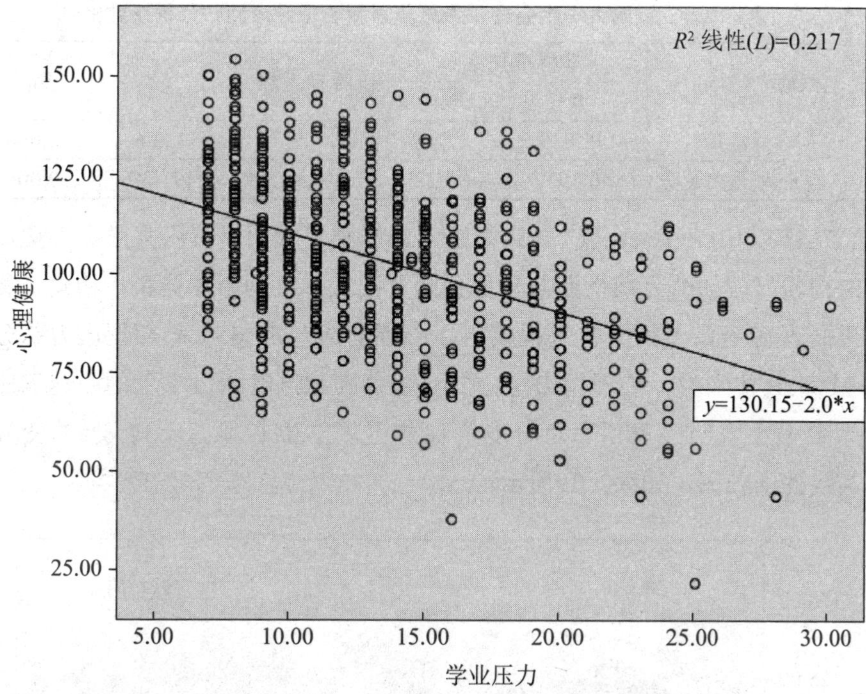

图7-38　心理健康对学业压力的线性回归图

(十三) 贫困大学生心理压力总分预测心理健康的一元线性回归分析

以贫困大学生心理压力的心理压力总分为自变量、心理健康为因变量，进行一元线性回归分析，结果如表7-163、表7-164、表7-165所示。

表7-163　贫困大学生心理压力总分预测心理健康回归分析模型汇总

模型	*R*	*R* 方	调整 *R* 方	标准估计的误差
1	0.572	0.328	0.327	16.912

表7-164　贫困大学生心理压力总分预测心理健康回归分析模型检验

模型		平方和	*df*	均方	*F*	Sig.
1	回归	86 978.797	1	86 978.797	304.106	0.000
	残差	178 472.977	624	286.014		
	总计	265 451.774	625			

表7-165　贫困大学生心理压力总分预测心理健康回归分析系数检验

模型		非标准化系数		标准系数	t	Sig.
		B	标准误差			
1	(常量)	145.859	2.546		57.296	0.000
	心理压力总分	−0.391	0.022	−0.572	−17.439	0.000

表7-163、表7-164、表7-165的回归分析结果表明，贫困大学生心理压力总分能构成显著的一元线性回归模型预测贫困大学生的心理健康，构建了贫困大学生心理健康显著的回归方程模型：心理健康=145.859 + 心理压力总分×(−0.391)。具体来看，心理压力总分能显著负向预测贫困大学生的心理健康，决定系数大小表明心理压力总分能解释贫困大学生心理健康32.8%的变异大小。其线性回归图，如图7-39所示。

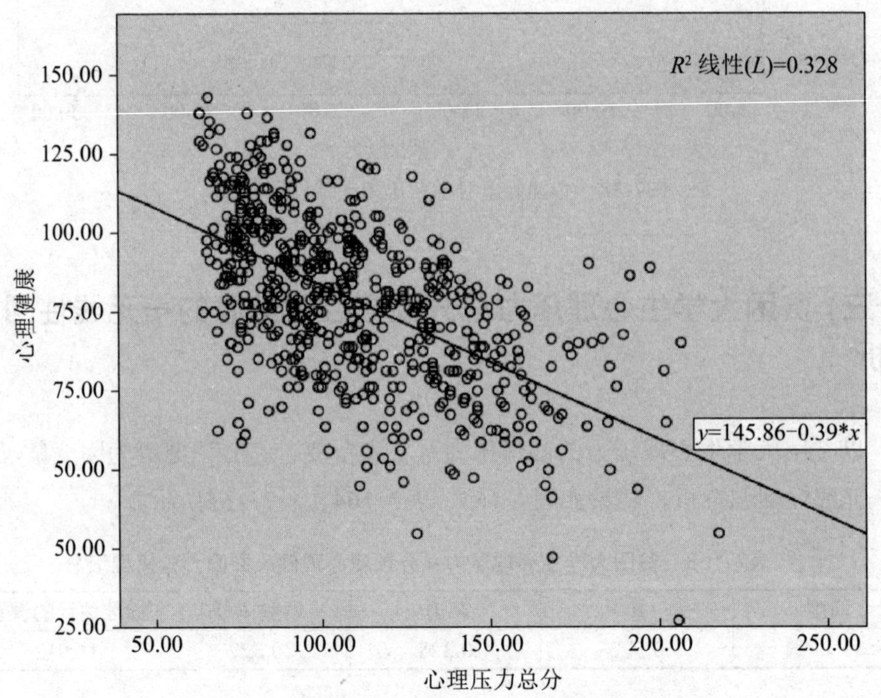

图7-39　心理健康对心理压力总分的线性回归图

第八章

民族地区高校贫困生社会心理状况的影响机制研究

前一章的相关和回归分析结果表明了民族地区高校贫困生社会心理状况之间存在密切的联系，因此本研究的目的不仅在于分析贫困大学生心理健康、心理压力、社会支持和核心自我评价等社会心理适应方面具体的差异性，同时在此基础上还要更深入地探讨贫困大学生心理状况之间的复杂关系，以揭示影响民族地区高校贫困生社会心理适应的内部机制，为提出更好的对策与建议提供理论支撑与基础。前面统计分析的结果也符合进一步对心理健康、心理压力、社会支持和核心自我评价之间进行中介效应检验的统计学要求(温忠麟，叶宝娟，2014)。接下来使用Haves(2013)编制的SPSS宏程序执行基于Bootstrap的中介效应检验，使用专门进行中介模型检验的模型4与6进行具体的内部机制分析。

一、贫困大学生社会支持与心理健康的关系：核心自我评价的中介效应检验

该中介效应模型显著需满足3个条件：①自变量(社会支持)对因变量(心理健康)的作用显著；②自变量(社会支持)对中介变量(核心自我评价)的作用显著；③中介变量(核心自我评价)对因变量(心理健康)的作用显著。因此通过SPSS宏程序process中的模型4执行Bootstrap中介模型检验，结果如表8-1与表8-2所示。

表8-1 核心自我评价在社会支持与心理健康间的中介效应检验结果

OUTCOME VARIABLE：心理健康							
Model Summary							
VARIABLE	R	R-sq	MSE	F	df1	df2	p
	0.626 6	0.392 6	258.808 6	201.334 2	2	623	0.000 0

(续表)

OUTCOME VARIABLE：心理健康							
Model							
	coeff	se	Standardized coefficients	t	p	LLCI	ULCI
constant	1.685 3	5.271 5		0.319 7	0.749 3	−8.666 8	12.037 4
社会支持	0.922 8	0.118 4	0.258 6	7.792 5	0.000 0	0.690 3	1.155 4
核心自我评价	1.741 1	0.118 0	0.489 8	14.758 5	0.000 0	1.509 4	1.972 8

通过温忠麟等(2014)提出的新的中介效应检验流程，process的分析首先检验得到社会支持对心理健康的总效应是显著的，社会支持可以显著正向预测心理健康(β=0.425，p<0.001)，所以按中介效应立论，同时检验得到社会支持正向预测核心自我评价的回归系数同样是显著的(β=0.339，p<0.001)。其次，表8-1表明了将核心自我评价和社会支持同时纳入回归方程后的中介效应分析结果，即在加入核心自我评价这一中介变量后，不仅核心自我评价预测心理健康的中介作用间接路径显著(β=0.490，p<0.001)，而且社会支持对心理健康的直接效应仍然显著(β=0.259，p<0.001)，因此说明核心自我评价在社会支持与心理健康间起部分中介作用。进一步利用Bootstrap法检验各路径的显著性及效应大小，结果如表8-2所示。

表8-2　核心自我评价在社会支持与心理健康间中介作用各效应大小检验结果

Total effect of：X(社会支持)→ Y(心理健康)							
Effect	se	t	p	LLCI	ULCI	c_ps	c_cs
1.514 9	0.129 3	11.712 8	0.000 0	1.260 9	1.768 9	0.073 5	0.424 5
Direct effect of：X(社会支持)→ Y(心理健康)							
Effect	se	t	p	LLCI	ULCI	c'_ps	c'_cs
0.922 8	0.118 4	7.792 5	0.000 0	0.690 3	1.155 4	0.044 8	0.258 6
Indirect effect(s) of：X(社会支持)→M(核心自我评价)→Y(心理健康)							
Effect	BootSE	BootLLCI	BootULCI				
0.592 1	0.083 0	0.433 1	0.759 6				

通过表8-2得到，X(社会支持)→M(核心自我评价)→Y(心理健康)间接效应所在区间为[0.4331，0.7596]，Bootstrap分析得到区间不包括0，同样也说明核心自我评价在社会支持与心理健康间存在显著的中介效应，中介效应大小占总效应大小的39.1%。具体的路径模型如图8-1所示。

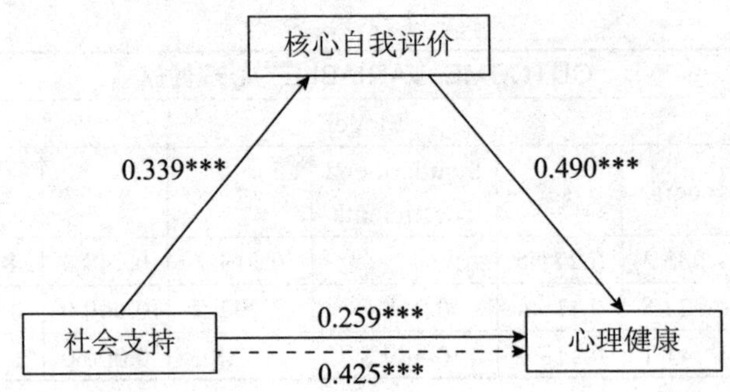

图8-1 核心自我评价在社会支持与心理健康间的中介效应模型

二、贫困大学生社会支持与心理压力的关系：核心自我评价的中介效应检验

该中介效应模型显著需满足3个条件：①自变量(社会支持)对因变量(心理压力)的作用显著；②自变量(社会支持)对中介变量(核心自我评价)的作用显著；③中介变量(核心自我评价)对因变量(心理压力)的作用显著。因此通过SPSS宏程序process中的模型4执行Bootstrap中介模型检验，结果如表8-3与表8-4所示。

表8-3 核心自我评价在社会支持与心理压力间中介效应检验结果

OUTCOME VARIABLE: 心理压力							
Model Summary							
VARIABLE	R	R-sq	MSE	F	df1	df2	p
	0.491 3	0.241 3	691.390 5	99.086 2	2.000 0	623.000 0	0.000 0
Model							
	coeff	se	Standardized coefficients	t	p	LLCI	ULCI
constant	220.564 3	8.616 0		25.599 3	0.000 0	203.644 3	237.484 2
社会支持	−0.724 8	0.193 6	−0.138 9	−3.744 7	0.000 2	−1.104 9	−0.344 7
核心自我评价	−2.217 3	0.192 8	−0.426 5	−11.499 2	0.000 0	−2.596 0	−1.838 6

通过温忠麟等(2014)提出的新的中介效应检验流程，process的分析首先检验得到社会支持对心理压力的总效应是显著的，社会支持可以单独显著负向预

测心理压力(β=−0.283，p<0.001)，所以按中介效应立论，同时检验得到社会支持正向预测核心自我评价的回归系数同样是显著的(β=0.339，p<0.001)。其次，表8-3表明了将核心自我评价和社会支持同时纳入回归方程后的中介效应分析结果，即在加入核心自我评价这一中介变量后，不仅核心自我评价预测心理压力的中介作用间接路径显著(β=−2.217，p<0.001)，而且社会支持对心理压力的直接效应仍然显著(β=−0.725，p<0.001)，因此说明核心自我评价在社会支持与心理压力间起部分中介作用。进一步利用Bootstrap法检验各路径的显著性及效应大小，结果如表8-4所示。

表8-4　核心自我评价在社会支持与心理压力间中介作用各效应大小检验结果

Total effect of：X(社会支持)→Y(心理压力)							
Effect	se	t	p	LLCI	ULCI	c_ps	c_cs
−1.478 8	0.200 3	−7.381 3	0.000 0	−1.872 3	−1.085 4	−0.049 1	−0.283 4
Direct effect of X(社会支持)→Y(心理压力)							
Effect	se	t	p	LLCI	ULCI	c'_ ps	c'_cs
−0.724 8	0.193 6	−3.744 7	0.000 2	−1.104 9	−0.344 7	−0.024 0	−0.138 9
Indirect effect(s) of：X(社会支持)→M(核心自我评价)→Y(心理压力)							
Effect	BootSE	BootLLCI	BootULCI				
−0.754 0	0.117 0	−0.996 7	−0.536 3				

通过表8-4得到，X(社会支持)→M(核心自我评价)→Y(心理压力)间接效应所在区间为[−0.996 7，−0.536 3]，Bootstrap分析得到区间不包括0，同样也说明核心自我评价在社会支持与心理压力间存在显著的中介效应，中介效应大小占总效应大小的51.0%。具体的路径模型如图8-2所示。

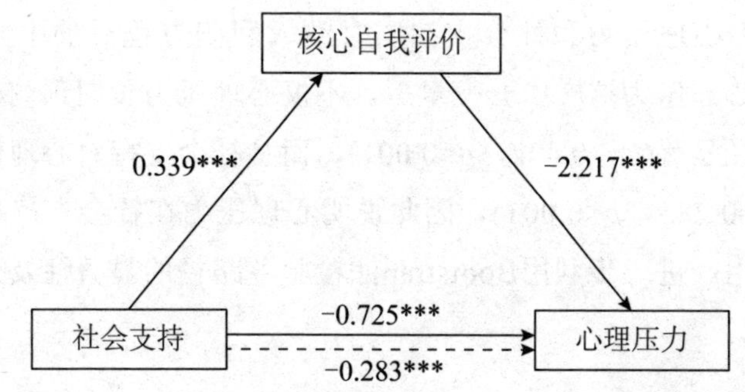

图8-2　核心自我评价在社会支持与心理压力间的中介效应模型

三、贫困大学生社会支持与心理健康的关系：心理压力的中介效应检验

该中介效应模型显著需满足3个条件：①自变量(社会支持)对因变量(心理健康)的作用显著；②自变量(社会支持)对中介变量(心理压力)的作用显著；③中介变量(心理压力)对因变量(心理健康)的作用显著。因此通过SPSS宏程序process中的模型4执行Bootstrap中介模型检验，结果如表8-5与表8-6所示。

表8-5 心理压力在社会支持与心理健康间的中介效应检验结果

OUTCOME VARIABLE: 心理健康							
Model Summary							
VARIABLE	R	R-sq	MSE	F	df1	df2	p
	0.634 4	0.402 5	254.592 4	209.827 0	2.000 0	623.000 0	0.000 0
Model							
	coeff	se	Standardized coefficients	t	p	LLCI	ULCI
constant	99.399 7	5.782 4		17.190 1	0.000 0	88.044 4	110.755 0
社会支持	1.017 8	0.115 2	0.285 2	8.832 6	0.000 0	0.791 5	1.244 1
心理压力	−0.336 1	0.022 1	−0.491 6	−15.222 9	0.000 0	−0.379 5	−0.292 8

通过温忠麟等(2014)提出的新的中介效应检验流程，process的分析首先检验得到社会支持对心理健康的总效应系数是显著的，社会支持可以显著正向预测心理健康(β=0.425，p<0.001)，所以按中介效应立论，同时检验得到社会支持负向预测心理压力的回归系数同样是显著的(β=−0.283，p<0.001)。其次，表8-5表明了将心理压力和社会支持同时纳入回归方程后的中介效应分析结果，即在加入心理压力这一中介变量后，不仅心理压力负向预测心理健康的中介作用间接路径显著(β=−0.492，p<0.001)，而且社会支持对心理健康的直接效应仍然显著(β=0.285，p<0.001)，因此说明心理压力在社会支持与心理健康间起部分中介作用。进一步利用Bootstrap法检验各路径的显著性及效应大小，结果如表8-6所示。

表8-6 心理压力在社会支持与心理健康间中介作用各效应大小检验结果

Total effect of：X(社会支持)→Y(心理健康)							
Effect	se	t	p	LLCI	ULCI	c_ps	c_cs
1.514 9	0.129 3	11.712 8	0.000 0	1.260 9	1.768 9	0.073 5	0.424 5
Direct effect of：X(社会支持)→Y(心理健康)							
Effect	se	t	p	LLCI	ULCI	c'_ps	c'_cs
1.017 8	0.115 2	8.832 6	0.000 0	0.791 5	1.244 1	0.049 4	0.285 2
Indirect effect(s) of：X(社会支持)→M(心理压力)→Y(心理健康)							
Effect	BootSE	BootLLCI	BootULCI				
0.497 1	0.075 5	0.361 2	0.652 6				

通过表8-6得到，X(社会支持)→M(心理压力)→Y(心理健康)间接效应所在区间为[0.361 2，0.652 6]，Bootstrap分析得到区间不包括0，同样也说明心理压力在社会支持与心理健康间存在显著的中介效应，中介效应大小占总效应大小的32.9%。具体的路径模型如图8-3所示。

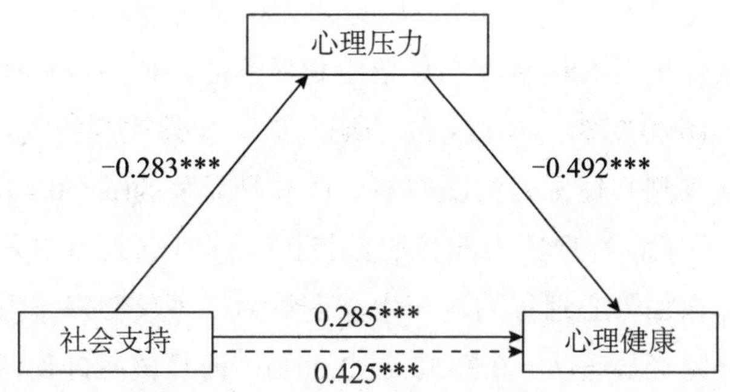

图8-3 心理压力在社会支持与心理健康间的中介效应模型

四、贫困大学生核心自我评价与心理健康的关系：心理压力的中介效应检验

该中介效应模型显著需满足3个条件：①自变量(核心自我评价)对因变量(心理健康)的作用显著；②自变量(核心自我评价)对中介变量(心理压力)的作用显著；③中介变量(心理压力)对因变量(心理健康)的作用显著。因此通过SPSS

宏程序process中的模型4执行Bootstrap中介模型检验，结果如表8-7与表8-8所示。

表8-7 心理压力在核心自我评价与心理健康间的中介效应检验结果

OUTCOME VARIABLE：心理健康							
Model Summary							
VARIABLE	R	R-sq	MSE	F	df1	df2	p
	0.669 8	0.448 6	234.933 3	253.4514	2.000 0	623.000 0	0.000 0
Model							
	coeff	se	Standardized coefficients	t	p	LLCI	ULCI
constant	79.690 5	6.112 1		13.038 3	0.000 0	67.687 8	91.693 3
核心自我评价	1.403 7	0.120 1	0.394 9	11.690 8	0.000 0	1.167 9	1.639 5
心理压力	−0.263 5	0.023 1	−0.385 4	−11.410 9	0.000 0	−0.308 9	−0.218 2

通过温忠麟等(2014)提出的新的中介效应检验流程，process的分析首先检验得到核心自我评价对心理健康的总效应是显著的，核心自我评价可以显著正向预测心理健康(β=0.577，p<0.001)，所以按中介效应立论，同时检验得到核心自我评价负向预测心理压力的回归系数同样是显著的(β=−0.474，p<0.001)。其次，表8-7表明了将心理压力和核心自我评价同时纳入回归方程后的中介效应分析结果，即在加入心理压力这一中介变量后，不仅心理压力预测心理健康的中介作用间接路径显著(β=−0.385，p<0.001)，而且核心自我评价对心理健康的直接效应仍然显著(β=0.395，p<0.001)，因此说明心理压力在核心自我评价与心理健康间起部分中介作用。进一步利用Bootstrap法检验各路径的显著性及效应大小，结果如表8-8所示。

表8-8 心理压力在核心自我评价与心理健康间中介作用各效应大小检验结果

Total effect of：X(核心自我评价)→Y(心理健康)							
Effect	se	t	p	LLCI	ULCI	c_ps	c_cs
2.052 5	0.116 2	17.665 7	0.000 0	1.824 4	2.280 7	0.099 6	0.577 4
Direct effect of：X(核心自我评价)→Y(心理健康)							
Effect	se	t	p	LLCI	ULCI	c'_ps	c'_cs
1.403 7	0.120 1	11.690 8	0.000 0	1.167 9	1.639 5	0.068 1	0.394 9

(续表)

Total effect of：X(核心自我评价)→Y(心理健康)							
Indirect effect(s) of: X(核心自我评价)→M(心理压力)→Y (心理健康)							
Effect	BootSE	BootLLCI	BootULCI				
0.648 8	0.073 8	0.508 4	0.799 7				

通过表8-8得到，X(核心自我评价)→M(心理压力)→Y(心理健康)间接效应所在区间为[0.508 4，0.799 7]，Bootstrap分析得到区间不包括0，同样也说明心理压力在核心自我评价与心理健康间存在显著的中介效应，中介效应大小占总效应大小的31.6%。具体的路径模型如图8-4所示。

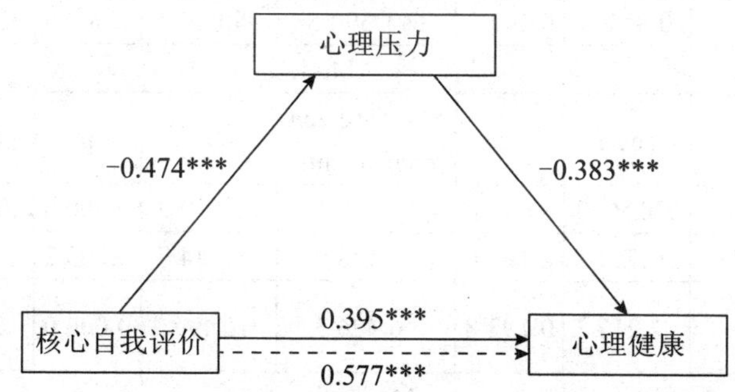

图8-4　心理压力在核心自我评价与心理健康间的中介效应模型

五、社会支持对贫困大学生心理健康的影响：核心自我评价和心理压力的链式中介作用分析

为了更加深入地分析贫困大学生的社会支持、核心自我评价、心理压力和心理健康之间的具体机制，以社会支持为自变量，心理健康为因变量，将核心自我评价和心理压力同时作为中介变量，使用专门进行链式中介效应检验的模型6进行分析。

链式中介效应process的分析与前几节一致，首先检验得到社会支持对心理健康的总效应是显著的，社会支持可以单独显著正向预测心理健康(β=0.425，p<0.001)，所以按中介效应立论，同时检验得到社会支持单独正向预测核心自我评价的回归系数同样是显著的(β=0.339，p<0.001)。

表8-9 链式中介效应回归分析的结果表明，社会支持能显著正向预测核心自我评价和显著负向预测心理压力($\beta=-0.139$，$p<0.001$)；核心自我评价能显著负向预测心理压力($\beta=-0.427$，$p<0.001$)和显著正向预测心理健康($\beta=0.340$，$p<0.001$)；心理压力能显著负向预测心理健康($\beta=-0.352$，$p<0.001$)；此时，社会支持仍然能显著正向预测心理健康($\beta=0.210$，$p<0.001$)。具体的路径分析结果如表8-10所示。

表8-9 核心自我评价和心理压力的链式中介作用各变量间回归系数的分析

				Model Summary				
结果变量：心理压力	VARIABLE	R	R-sq	MSE	F	df1	df2	p
		0.491 3	0.241 3	691.390 5	99.086 2	2.000 0	623.000 0	0.000 0
				Model				
		coeff	se	Standardized coefficients	t	p	LLCI	ULCI
	constant	220.564 3	8.616 0		25.599 3	0.000 0	203.644 3	237.484 2
	社会支持	-0.724 8	0.193 6	-0.138 9	-3.744 7	0.000 2	-1.104 9	-0.344 7
	核心自我评价	-2.217 3	0.192 8	-0.426 5	-11.499 2	0.000 0	-2.596 0	-1.838 6
				Model Summary				
结果变量：心理健康	VARIABLE	R	R-sq	MSE	F	df1	df2	p
		0.697 6	0.486 7	219.064 4	196.584 1	3.000 0	622.000 0	0.000 0
				Model				
		coeff	se	Standardized coefficients	t	p	LLCI	ULCI
	constant	54.801 0	6.947 2		7.888 3	0.000 0	41.158 3	68.443 8
	社会支持	0.748 3	0.110 2	0.209 7	6.791 9	0.000 0	0.531 9	0.964 6
	核心自我评价	1.207 1	0.119 5	0.339 6	10.101 4	0.000 0	0.972 5	1.441 8
	心理压力	-0.240 8	0.022 6	-0.352 2	-10.678 4	0.000 0	-0.285 1	-0.196 5

表8-10 核心自我评价和心理压力的链式中介作用各效应量检验结果

Total effect of：X(社会支持)→Y(心理健康)							
Effect	se	t	p	LLCI	ULCI	c_ps	c_cs
1.514 9	0.129 3	11.712 8	0.000 0	1.260 9	1.768 9	0.073 5	0.424 5
Direct effect of：X(社会支持)→Y(心理健康)							
Effect	se	t	p	LLCI	ULCI	c'_ps	c'_cs

(续表)

Total effect of：X(社会支持)→Y(心理健康)							
0.748 3	0.110 2	6.791 9	0.000 0	0.531 9	0.964 6	0.036 3	0.209 7
Indirect effect(s)							
Ind				Effect	BootSE	BootLLCI	BootULCI
TOTAL				0.766 6	0.093 8	0.594 8	0.955 2
社会支持→核心自我评价→心理健康				0.410 5	0.067 2	0.288 8	0.551 3
社会支持→心理压力→心理健康				0.174 5	0.047 5	0.085 2	0.269 2
社会支持→核心自我评价→心理压力→心理健康				0.181 6	0.032 7	0.124 4	0.252 3

表8-10的中介效应量分析结果显示，核心自我评价和心理压力在社会支持与心理健康间起显著的链式中介作用，总的中介效应值为0.767，间接效应占总效应的50.6%。中介效应具体由3条路径产生的间接效应组成：社会支持→核心自我评价→心理健康的路径形成的间接效应1(效应值为0.411)；社会支持→心理压力→心理健康的路径形成的间接效应2(效应值为0.175)；社会支持→核心自我评价→心理压力→心理健康的路径形成的间接效应3(效应值为0.182)，3个间接效应占总效应的比值分别为27.1%、11.5%和12.0%，且Bootstrap分析得到以上间接效应的95%置信区间均不包含0值，表明3个间接效应均达到显著水平。具体的链式中介模型如图8-5所示。

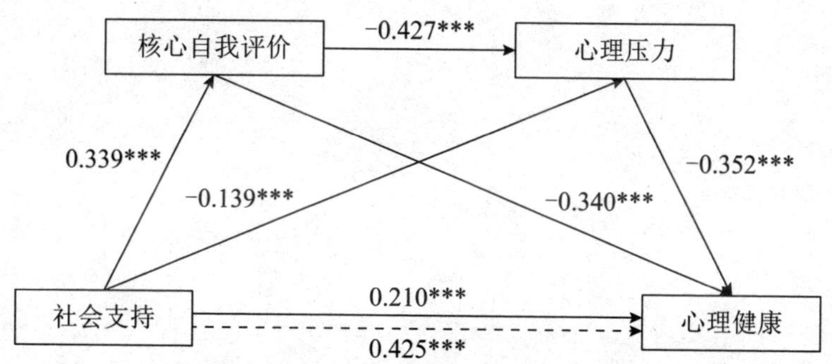

图8-5 核心自我评价与心理压力链式中介效应模型

第九章

民族地区高校贫困生心理育人路径研究

根据教育部相关统计，2017年重点高校面向贫困地区农村学生的录取生数为10万人，较2016年增长9.3%。我国民族地区高校贫困生是当前高校在校大学生中一个特殊的群体，存在着更为敏感和多元的心理健康问题，特别是由于经济贫困引发的心理健康问题，已经成为高等学校和社会日益关注的问题。民族地区高等院校的贫困大学生在人格方面存在一些消极因素，如心态不积极，致使学习效率下降，同时不能维系积极向上的风貌，精神相对颓废，阻碍了其正常发展，对营造积极向上的良好氛围、构建和谐校园造成了一定影响。积极发挥教育的心理育人作用，将对贫困大学生的心理脱贫具有重要而深远的意义。

一、民族地区高校贫困生思想政治教育工作的重要性分析

(一) 科学把握贫困大学生思想政治工作的重要意义

一是做好贫困大学生思想政治工作，是贯彻“以人为本”思想政治工作理念的必然要求。“以人为本”的工作理念，要求我们必须从贫困大学生群体的实际出发，从其普遍存在的“特殊性”出发，在帮助他们解决物质需求的同时，也尽量满足他们的精神需求，促进其自由而全面地发展。

二是做好贫困大学生思想政治工作，是坚持“扶贫与扶志、扶智相结合”“精准扶贫”教育扶贫方略的必然要求。针对贫困大学生开展思想政治工作，就是按照“普遍性与特殊性”相结合的要求，在思想政治工作中有针对性地对贫困大学生着重开展自立自信自强教育、感恩励志教育等，实现“发展性资助”的目标。

三是做好贫困大学生思想政治工作，是坚持管理育人、服务育人的必然要求。2017年12月，由教育部颁发的《高校思想政治工作质量提升工程实施纲要》指出：“充分发挥课程、科研、实践、文化、网络、心理、管理、服务、资助、组织等方面工作的育人功能，挖掘育人要素，完善育人机制，优化评价激励，强化实施保障，切实构建十大育人体系。”“心理育人”被列为“十大育人体系”之一。

(二) 准确把握贫困大学生思想政治教育的重点内容

一是加强对贫困大学生的理想信念教育，激励他们树立顽强拼搏的意志。要引导贫困大学生养成自立自强的习惯，正视贫困，将贫困化作学习和工作的动力，减少贫困对他们造成的不良影响，尤其是心理方面的负担。

二是加强对贫困大学生的道德教育，帮助他们建立良好的荣辱观。对于部分贫困大学生来说，他们因为家境贫寒会产生一些自卑的情绪，不仅如此，部分学生还会对周围家境较好的学生产生一种不满或者回避的现象，这都不利于他们正常的人际交往。还有一部分贫困的学生会假装自己家庭富裕，为了面子而去做一些不正当行为，有的还会误入歧途。所以，学校必须高度重视对这部分学生的教育，尤其是道德方面的教育，要让他们学会明辨是非。

三是引导贫困大学生形成自信自立的态度，养成良好的人格。对于一些贫困大学生来说，他们会因为受到贫困的压力而出现各种各样的不良情绪或者心理状态，很容易心理扭曲，变得自卑或自负等。因此，学校要注意引导他们形成良好的观念和心理状态，加强和其他学生的沟通与交流，引导他们积极正确地和其他学生进行交往，培养良好的人格。(刘春蕾，2015)

(三) 充分认识民族地区贫困大学生思想政治教育对心理健康发展的重要性

高校贫困生的心理健康问题尤其是高校思想政治教育生态健康发展的重要敏感因子，对思想政治教育工作有着直接影响，因此，对贫困生身心健康发展的关心是实现思想政治教育生态健康的必要保证。实际上，据相关统计，高校贫困学生的比例是25%～35%，而在一些中西部高校，贫困生总数超过30%，特殊困难人数超过15%。因此，贫困大学生思想政治教育工作制约着高校思想政治教育健康生态的实现，而贫困大学生思想政治工作也制约着大学生心理健康教育和谐发展的实现，二者之间相互影响、相互促进、相互制约。此外，“精准扶贫”思想的提出为高校做好贫困大学生思想政治教育和日常管理工作提供了契机和政策保障。新形势下，高校既要帮助经济困难学生顺利完成学业，也要关注学生精神贫困和心理贫困的深层次问题。

对于我国民族地区的高等学校来说，在教育贫困大学生的过程中，既要考虑他们的实际需要，又要考虑社会的发展潮流，不仅要教育他们的价值观及道德，同时也要把专业知识和这些教育结合在一起，培养他们的社会主义核心价值观，把思想政治教育贯穿于贫困大学生指导与培养的全过程，要引导他们形成良好的三观，帮助他们形成良好的生活和学习习惯。要充分发挥心理健康教育策略的作用，采用多元化的培养方式，以思政教育为前提，实现高等教育立德树人的根本任务。(吴晟志，2016)

二、基于“十大育人体系”的民族地区高校贫困生心理育人的路径研究

心理贫困指的是大学生由于经济、学习、生活等方面的压力所导致的一系列不良的心理特点，如自卑、焦虑、抑郁等。在当前社会，各行各业之间的竞争越来越复杂和激烈，这让很多大学生，尤其是一些本就贫困的大学生无形当中产生了很大的精神压力，从而产生了一些不良的心理，也就是所说的心理贫困。心理贫困是一种隐形贫困，如果过于严重的话，可能会让大学生产生一些偏执或极端行为，对其自身发展都是极其不利的。近些年来，我国大学生群体当中，贫困大学生仍然占有一定比例，由于贫困所带来的一些不良心理适应状况也长期存在，这不得不引起社会各界和高校的重视和关注。加强贫困大学生的心理脱贫工作已经刻不容缓。实现贫困大学生的心理脱贫不仅是高校素质教育的重要内容，也是大学生成长成才的必需。(钟海文，2020)

(一) 构建“课程育人”体系，实现贫困大学生的积极教育

要以保障贫困大学生的心理健康为基础，使其能够主动参与课堂的学习。加强心理自我教育的建设，基于特定的课堂环境，指导贫困大学生在学习方面加大合作的力度，有效地解决难题，积极地追根溯源，有效地完善与优化心理架构。

首先，减少差异，构建公平教育。要切实提升贫困大学生针对课堂学习的参与程度，使大学生在心理方面的健康得到保障，遵循公平公正且提高透明度的原则。贫困大学生由于具有自卑的心理与敏感的性格，较为胆小怕事，很难和其他大学生保持一致，须教师适宜地关注，增强贫困大学生在课堂方面的体验与互动。课堂教学与具体的教学案例相结合，尤其是在贫困大学生参与学习的过程中，需要具备细致的情节与成效方面的诠释，同时需要在冲突方面存在一定的碰撞。

其次，避免落差，采取鼓励教学。教师对贫困大学生需有效地运用激励方式，结合手势或神情，通过提问与引导性语言在贫困大学生参与教学活动时肯定其发展，适宜地夸赞其优势，激励其参与学习的积极性，使其能够积极主动地学习，为他们赋予相应的勇气，使他们逐渐积极地参与课堂活动。

再次，切实增强互动且打造良好的沟通环境。规划教育者在设置阶段目标的时候，需要全方位地考虑贫困学生接受的相关程度，适宜地延长完成任务的具体时限；教师在组织课堂教学时需要为学生预留出思索与真正接受的空间，为他们的参与提供方便且发挥导向性作用。须切实贯彻以等待作为特征的互动模式，使学生得到真正意义上的尊重，从而真正地提升学生在学习方面的参与度。

最后，确立平等互助的教学主体。教师须指导学生增强互动且彼此加以深入了解，倡导加强协作且构建共赢的格局，激励学生发扬团队协作精神。在公平公正的氛围中善待贫困学生群体，采取参与学习方式促进其发展，使个体之间以创造性为媒介进行彼此融合与渗透；打造亲密和谐的教学环境，指导学生多表达自身的诉求、增强参与的互动，有效地解决贫困大学生在学习中遇到的问题，增强他们在心理方面的参与体验。(黄慧，2019)

(二) 构建“科研育人”体系，加快贫困大学生心理脱贫路径研究

2018年7月，中共教育部党组印发的《高等学校学生心理健康教育指导纲要》中明确提出：“各级教育工作部门和各高校要推动开展心理健康教育基础理论研究，逐步形成具有中国特色的心理学、教育学学科体系、学术体系、话语体系，促进研究成果转化及应用。开展心理健康教育相关理论和技术的实证研究，促进临床服务规范。开展心理健康问题的早期识别与干预研究，推广应用效果明确的心理干预技术和方法。”

我国第一次提出“贫困大学生心理健康问题”是孙义1996年在《当代青年研究》上发表的《贫困大学生的心理问题及调试》。2008年之后社会各界对贫困大学生心理健康问题的关注达到高峰。根据前期研究成果，加快大学生心理脱贫方面的研究可以从以下3个方面进行：一是对贫困大学生心理健康教育现状的研究，归纳整理中华人民共和国成立以来大学生心理健康教育的成果经验；二是对贫困大学生心理健康问题成因的研究；三是对贫困大学生心理健康问题的工作对策研究。

(三) 构建“实践育人”体系，实现“渗透式”心理素质教育

社会实践在大学生的人格塑造过程中具有重要作用。对于每一个学生而言，校园文化也是培养他们良好人格的重要途径，浓厚的校园文化能够帮助他们丰富业余生活，获得更多的良师益友，陶冶情操，提高交际能力。高校也应该充分考虑贫困大学生自身的需求，结合他们的实际状况，有针对性地让他们参加社会实践，通过这些实践活动来提高他们的心理素质，形成更加健全的人格。

首先，社会实践可以帮助大学生找到人生目标。其次，社会实践可以帮助大学生认识自我，建立真实的自信。再次，社会实践可以加强大学生的集体理念，促进自我学习。最后，社会实践可以加深大学生对社会环境的认知，使其更加适应社会。(刘莉莉，2016)

(四) 构建“文化育人”体系，展现积极心理健康教育理念的价值

我国少数民族具有各自的优秀传统文化和独特的生活习俗，这些传统文化和生活习俗造就了少数民族大学生各种优秀的心理品质。许多少数民族的生活习俗、历史沿革、民族建筑和信仰崇尚等方面会对少数民族大学生的身心发展产生重要的影响，而这些影响往往是积极优秀的。所以，我们要多从少数民族传统文化和民族心理学的视角挖掘少数民族地区大学生的优秀心理特质，让他们了解自身和本民族真正积极优秀的一面，构建好积极心理健康教育理念。

首先，从主观体验这个角度而言，积极心理学发挥的主要作用就是引导学生建立良好的认知和情绪，引导他们养成良好的处世风格，帮助其培养正确的认知方式，让其在学习以及生活的过程中，能够以积极的心态去看待所有的事物，促进他们健康发展。对于贫困大学生来说，一般情况下，他们之所以会产生心理问题，是因为他们对自己所处的环境产生了负面评价，这种情况对于他们的心理造成了消极影响，导致他们出现了消极的心理情绪。针对该情况，在心理健康教育的过程中引入积极心理学，能够让他们正确看待自己所处的环境和条件，产生一种比较愉悦放松的心态，积极努力地融入集体，形成积极乐观的人格。

其次，从个体角度而言，积极心理学能够帮助学生建立良好的人格特质，充分激发他们的潜力，提高他们的创造力。在积极心理学框架中，心理健康教育的主要目标就是为了帮助学生察觉和作出他们的选择。在少数民族地区，尚有部分贫困大学生欠缺优秀积极的人格特征，责任感相对较差，独立意识比较弱，这些问题都会给他们带来很多负面情绪，如焦虑、自卑等。所以，在民族地区的高校中，采用积极人格理论开展教育教学活动具有非常重要的作用，除了传授给学生最基本的知识之外，引导他们形成良好的人格，培养他们积极向上的性格特征，发挥出他们的潜能是至关重要的。

最后，从群体角度而言，引入积极心理学能够在一定程度上帮助贫困大学生建立良好的人际关系。积极心理学非常重视分析社会组织系统，也就是说，以群体角度为切入点，分析对人类幸福产生影响的一些因素。这些因素除了国家制度之外，也包括国家的法律，涉及少数民族自治地区的条例等；除此之外，还包括健康的社区、关系较好的学校、责任感较强的媒体等，这些丰富多

样的因素能够在一定程度上帮助学生形成良好的利他行为，培养他们的社会责任意识，引导他们具备一定的爱的能力，培养他们的积极人格。

在贫困大学生心理健康教育的过程中引入积极心理学具有非常重要的意义，能够帮助教育者更好地了解学生，掌握贫困大学生的心理特征，帮助他们建立新的认知体系、积极的支持系统，让他们充分认识到自己的责任，认识到社会的真善美。

(五) 构建“网络育人”体系，实现“点对点”的个性化针对性教育

首先，互联网得到广泛的运用与普及，高等院校的教育工作者需要提高创新水平，优化教育贫困生的模式，从以往的“填鸭式”模式过渡至增强互动且积极反馈的双向教育模式，依托多种网络平台与他们进行深入的思想交流。还可以在一定范围内创建特色线上、线上线下混合式教学网络心理教育课程，力争实现“点对点”的个性化、针对性教育。

其次，教育工作者在针对学生进行思想教育时，需深入研究贫困生在心理与思想方面的特征，积极有效且有的放矢地开展相关活动；要构建网络平台，提高贫困生的思想素质，使其心理方面的承受力更强大。网络的优势包括便捷地传递数据、增强互动，在空间与时间上不受约束，虚拟的沟通方式易使学生无拘无束，与心理咨询师等能够提高沟通的平等与公平性，发挥常规心理教育的重要作用。尤其是一些学生性格内向，采取面对面形式进行沟通存在相应的障碍，可以通过网络倾吐心事。上述沟通方式的优点是直接而简单，易使教育取得显著的成效。(汤洁，2014)

最后，贫困生大多拥有自卑的心理，容易性格孤僻、敏感，因此，针对贫困大学生开展思想教育活动时，要以互联网为载体，加强学生在思想道德方面的教育，使学生拥有健全与高尚的人格。

(六) 构建“心健育人”体系，全面提升高校心理健康教育质量

一是始终坚持目标导向，加强体制机制建设。首先，将大学生心理健康教育纳入人才培养体系。要设置大学生心理健康教育与咨询中心，研究制定大学

生心理健康教育工作的规划和相关制度，对大学生心理健康教育工作组织实施情况进行督查。其次建立“学校—学院—班级”三级心理健康教育工作网络，明确各级各部门的责任分工和协调机制。最后，将大学生心理健康教育成效纳入学生工作成效考核和领导干部履职尽责情况考核。

二是始终坚持作风导向，加强师资队伍建设。建设以专职教师为骨干、以兼职教师为补充，专兼结合、专业互补、相对稳定、素质良好的心理健康教育师资队伍。严格按照师生比不低于1:4000的标准，每校至少配备2名专职心理健康教育教师。将大学生心理健康教育师资队伍建设纳入学校整体教师队伍建设工作中，加强选拔、配备、培养和管理。将心理健康教育内容纳入新进教师岗前培训课程体系；将心理健康教育专职教师的专业技术职务评聘纳入大学生思想政治教育教师队伍序列，积极落实好职务(职称)评聘工作。

三是始终坚持结果导向，加强教育体系建设。首先，充分发挥课堂教学在大学生心理健康教育工作中的主渠道作用，根据心理健康教育的需要建立或完善相应的课程体系，开设必修课或必选课，形成较完整的课程体系，实现大学生心理健康教育全覆盖。其次，优化心理咨询服务平台，加强硬件设施建设，设立心理发展辅导室、心理测评室、积极心理体验中心、团体活动室、综合素质训练室等，积极构建教育与指导、咨询与自助、自助与他助紧密结合的心理健康教育与咨询服务体系。最后，加强宣传普及，通过举办心理健康教育月、“5·25”大学生心理健康节等形式多样的主题教育活动，组织开展各种有益于大学生身心健康的文体娱乐活动和心理素质拓展活动，不断增强心理健康教育的吸引力和感染力。

四是始终坚持问题导向，加强预防与干预体系建设。根据普查结果筛选出心理危机高危个体，建立在校生心理健康档案和危机干预对象档案库，做好心理危机高危学生的危机预防与转化工作。对于突发心理危机的学生个人或群体，要及时开展工作，采取有效措施进行紧急心理援助。定期以随访咨询的形式，对这些学生的心理健康情况进行鉴定，并将鉴定结果及时反馈给学生所在学院。

五是始终坚持需求导向，加强工作条件建设。将心理健康教育工作经费纳入学校预算，确保大学生心理健康教育的日常工作需要。依据大学生心理健康教育工作的特点和要求，加强心理健康教育和咨询场地建设，使其满足学生接受教育和咨询的需求。心理健康教育和咨询场地包括预约等候室、个体咨询室、团体辅导室、心理测评室等。配备必要的办公设备、常用心理测量工具、统计分析软件和心理健康类书籍等心理健康教育产品。

(七) 构建“管理育人”体系，建立贫困生翔实的心理档案

一是采取多样的心理辅导方式。首先，构建全面系统的有关心理健康方面的教育体系，覆盖宣传、课堂教育、排查、心理咨询等层面，且教学者要联合思想教育工作者的力量。高等院校针对贫困学生在心理健康方面的教育要予以高度重视，实现工作的科学化与规范化。切实改进与完善工作方面的条件，设置专项的经费，在教学体系中融入心理健康方面的教育，心理咨询机构要配合管理学生的机构，构建贫困大学生在心理健康方面的记录档案。其次，丰富心理健康教育形式。因为贫困大学生自身的心理相对来说比较复杂，因此，针对这一情况，可以建立更丰富多样的心理健康教育平台，如心理干预机制，这能够在一定程度上帮助贫困大学生塑造健康的人格。他们不仅经济上具有一定的压力，心理负担也比较重，在学习和生活的过程中，往往会遇到各种各样的挫折和困难。所以，对其进行适当的监控，及时了解他们的心理健康状况至关重要。在进行心理干预的过程中，可以使用一些长期追踪指导手段，比如开展心理咨询服务，普及心理健康知识等(张可，杨萌，2012)。再次，要增强高校心理咨询功能。根据相关调查结果来看，如果贫困大学生在生活中遇到了心理障碍，他们几乎不会选择求助于心理咨询机构。也就是说，在贫困大学生心理健康教育工作中，心理咨询并没有发挥出应有的作用。所以，很有必要从多元化渠道去宣传心理咨询的功能，定期举办多元化的心理健康教育方面的讲座，开展丰富多彩的心理课程，及时地帮助学生克服他们的心理压力，得到更多的积极能量。最后，针对贫困大学生开展爱心谈话，重视他们的心理健康问题。爱心谈话也要结合学生的背景和实际特征来进行。对于那些无法融入集体的学生来说，最有效的途径之一就是老师和其他同学以及朋友的关怀。辅导员也要重视他们，和他们定期地进行沟通与交流，了解他们的心理状态，让他们感受到周围人以及社会群体的关心和爱护。

二是建立贫困生翔实的心理档案。首先，针对贫困大学生构建融合经济

层面的资助与心理健康方面的庞大信息库；有效地记录大学生接受资助的信息，同时结合普查心理健康的相关记录，划分贫困大学生的类别，发挥辅助性作用，将存在心理问题与疾病的学生选取出来，明确在心理上进行辅导的重点对象，采取积极心理学方式加以咨询与治疗，同时也要进行适宜的干预。其次，构建贫困生在心理健康情况方面的档案，每年度认定一次贫困生，与新生刚入学时的情境相结合，以心理上的测试结果为依据，对于重点对象予以高度关注。全方位地掌握贫困生在心理与生活以及思想方面的情况，把握贫困生的动态，研究其心理特点，切实把握贫困生的需求情况，从而做好疏导及干预等工作。

三是将心理档案运用于心理危机预防和干预体系。首先，高校要根据学校实际和学生心理特征制定大学生心理危机预防与干预机制，切实做到突发事件的紧急处置到位、人员救治及时。其次，要将心理档案这一日常工作的成效与价值体现在心理危机预防与干预全过程，切实让心理危机在萌芽阶段予以解决，让突发心理危机事件处置办法有依据可循，有前期心理咨询可参考。

(八) 构建“服务育人”体系，加强就业创业心理辅导

一是向贫困大学生开展积极的整体生涯辅导。构建系统的学业生涯和职业生涯辅导体系，进而形成整体的生涯辅导。整体的生涯辅导强调关注每一个体的差异和心理需求，给他们提供相应的实际辅导，而并不是盲目统一的辅导。该辅导也在某种程度上体现出给大学生提供就业指导的同时也要重视他们的心理辅导，要把他们的心理问题和解决实际问题两者融合在一起，给学生提供系统化的专业辅导。除了帮助这些学生顺利就业之外，还要引导他们实现人生价值，追求人生理想，并将个人价值和社会价值结合在一起。高校也要通过这样的辅导形式帮助学生更加全面地认识自我，建立良好的人格，达到科学就业的目的。(陈爱娟，2012)

二是加强贫困大学生就业指导，健全就业心理辅导。从大众化教育的角度，积极引导并帮助贫困大学生树立“先就业，后择业”的就业观，将实现自身价值和社会价值融为一体，凡是对于这两种价值有益的职业，都应该去积极地尝试，要用公平公正的态度去看待所有的职业。高校从每一位学生入学开始

就应该开设职业生涯规划课程，建立相应的职业生涯服务中心，尤其是要帮助每一位贫困大学生实现顺利就业，并且在提供就业指导的过程中，要充分考虑这些学生的社会需要、心理需要及兴趣爱好，引导他们及时调整就业预期、就业意向。

高等学校还有必要构建就业心理辅导机构，要充分发挥多个主体的作用，比如党团干部、社团干部等。各种各样的社会组织以及学生社团都应该积极地开展心理互助活动，让学生充分感受到学校、社会以及家庭给他们带来的温暖，让他们感受到人和人之间的感情，减少他们对社会的恐惧感，引导他们更好地适应社会。心理社团不仅仅要广泛宣传心理方面的知识，引导学生进行互帮互助，同时也要向学生提供咨询服务，及时地帮助他们缓解心理负面情绪。除此之外，高校也应该开展多元化的就业心理指导活动，比如网络咨询、心理拓展训练等，让所有的学生能够按照他们的实际情况或者需求来正确看待就业压力，找到适合自己的职业。(张斌，彭望，邱致燕，蒋怀滨，2016)

三是加强贫困大学生的创业指导。要在高校开设创业心理课程，把创业知识和专业心理知识结合在一起；要引导学生接纳自己，及时排解心中的负面情绪，掌握更多的自我调节策略；在创业活动中，培养他们自立自强的人格，教会他们战胜困难和挫折的方法与途径，让他们以科学良好的心态去面对创业。与此同时，也要带领他们积极地去进行创业实践。对于贫困大学生来说，高等学校应定期举办创业方面的讲座或者实践活动，通过形式多样的创业活动来培养他们的创业技能和素质，积极引导他们进行多元化的创业比赛。对于优秀的贫困大学生，高校要积极引荐他们到知名的企业去实习观摩，解决他们感性认识不足的短板，为后续的创业奠定良好的基础。同时，高校也应该给这些学生一定的资助，比如提供无息贷款等，确保他们能够实现自己的创业梦想。高校也可以充分发挥自身的优势，对于那些有创业思想，但是却没有资金的学生以及那些拥有了创新项目但是却缺乏团队的学生进行有效的整合，给他们的创业提供更加广阔的空间，比如引导他们参加“互联网+”创新创业大赛等。(沈茹，2013)

四是加强贫困大学生自我就业创业心理建设与调适。首先，增强学生的自我认知，构建准确的自我概念，并且覆盖职业等多个层面；要与贫困大学生深入地探究有关就业方面的问题，构建就业的档案，发挥导向性作用，指导学生增强职业方面的长远意识；构建且完善导师制与学长制，加强心理方面的疏导，规范合理的职业生涯，认清与深入掌握未来在岗位方面的需求，使其需求成为成长与发展的驱动力，尽可能地修炼出强大的“内功”。贫困大学生要学会自我接纳，并能正确地自我定位，形成合理有效的就业期望，充分地发挥自己的优势，有效地规避与弥补不足之处。在就业准备时需积极主动地去接触各种类型的工作内容，增强对职业角色的体验与互动，使职业上的自我概念得以产生，以便在求职时可对传统角色予以突破，提高就业方面的灵活性与主动性。其次，贫困大学生要增强自我心理调适能力，增强就业方面的自信心；努力冲破就业竞争时在心理方面存在的阻碍，提升自我竞争力，在心理上尽可能地实现自我调适。充分地认知自己，对能力进行客观评价，立足于实际的长短板并进一步弥补劣势，掌握用人机构在人才方面的个性化需求，切实提升工作能力；学会适宜地发泄与有效地控制自身的情绪。目前在就业方面的竞争激烈程度日益加剧，有可能在心理上使学生增加诸多负担与压力，因此要帮助学生学会适宜地释放负面消极的情绪，采取合理有效的宣泄法实现自我调节，不使心理方面的问题变成就业时的“拦路虎”(王海明，邵晶，2016)。贫困大学生要培养自信心，提高生涯自我效能感。由身边的小事做起，逐步累积经验且增强责任感，深入掌握正确归因的方法，为自己树立楷模。经由上述措施而克服自卑的心理且增强自信心及自我效能感，使就业时的积极性得以提高且拓展求职的范畴。

五是完善就业环境，促进贫困大学生平稳就业。高等院校要使贫困大学生在物质方面的需求得以适宜的满足，同时要为贫困大学生提供适应社会与职业的情境，为将来的就业奠定基础。拓展贫困助学的概念范畴，完善社会公众和贫困生帮扶对子的模式，将社会兼职岗位提供给他们，对其在综合性的技能方面加大培训与教育的力度。以勤工助学为契机，优化与拓展在经济方面资助贫困生的载体，使贫困生获取相应的补助，经济方面的压力得到有效的缓解，同时能够转移贫困生的羞怯心理，提高其人际交往的水平，使其焦虑迷茫的情绪得到有效缓解。颁布积极有效的就业方面的政策，为贫困学生的就业发挥辅助性作用，政府为学生提供技能方面的培训教育活动以及创业方面的资助，为其在毕业且没有找到适宜的职业之前提供相应的补贴(张斌，彭望，邱致燕，蒋怀滨，2016)。高等院校需要通过自身的影响力动员各种类型的社会体系，为贫困生打造良好的就业氛围，为学生提供诸多特殊岗位或者施行就业方面的特殊政策；院校需要切实提高贫困大学生在就业方面的能力且培育可迁移能力。为贫困大学生解决就业方面的问题是一项长期系统的工程，政府与高等院校以及贫困生需要共同不懈地努力，基于制度与思想以及政策等层面做到真正地齐抓共管，使贫困生在就业心理方面的负担得到有效的缓解，为贫困生打造良好的就业环境。

(九) 构建“资助育人”体系，营造社会支持与帮扶的关怀性取向

一是建立健全完整规范科学的多元贫困大学生社会支持与资助体系。高等学校在教育贫困大学生的过程中，也要充分调动各方面的资源，给这些学生构建社会支持系统。比如，和这些学生的家庭之间建立起良好的合作关系，引导家庭对学生的心理进行科学有效的辅导和支持。要将社会各方的资源进行优化和整合，给他们提供大量的实践机会，让他们通过实践活动来释放负面情绪，形成健全的人格。要进一步扩大奖学金的覆盖范围，给学生提供更多的勤工俭学机会，要采取多方面的措施来帮助这些学生减少生活负担，提高他们对生活的信心，让他们了解到“幸福都是奋斗得来的”，只要通过艰苦的奋斗就能够获得美好的生活。

二是完善资助体系，帮助贫困生实现自我价值和社会价值。民族地区高校在采用这些资助体系的时候也要重视以下机制，比如，“自助为主，他助为辅”“先自助，后他助”“有偿在先，无偿在后”等，要确保学生能够通过多元化的劳动方式来获得奖学金或者资助，让学生养成良好的奋斗品格，引导他们形成自立自强的精神。要重视家庭经济较差的学生，对他们进行科学的资助和帮扶，确保他们能够得到相应的资金，同时还能够得到锻炼。除此之外，也可以将多个领域结合在一起，建设多元宏观制度体系，包括学校、财政、自身、社会等。总而言之，要让贫困学生通过实践活动来获得相应的帮助，让他们实现自我价值，同时又能够创造社会价值。

三是解决物质、心理双向脱贫，在奉献中升华自己，锻炼贫困生的自立自强能力。民族地区高校的教育不仅局限在贫困大学生物质方面的脱贫状态，同时需要有效地解决其经济方面的暂时性问题，需要在物质与心理方面实现双向

脱贫的目标。需在生活中予以一定的资助，同时要在学习上予以有效的激励，并加强其思想教育，面对暂时的贫困现象，不仅需要在表面上“扶贫”，更要在实质上“扶志”和“扶智”。发挥导向性作用，引导学生积极主动地参与社会实践，协助学生在勤工助学的实践中准确地认知社会。现阶段高等院校应推介有关勤工助学方面的岗位，使贫困生能够经由劳动而获取报酬，减少经济方面的压力与负担，同时基于上述流程培育与增强自信心。高等院校可构建为学生提供助学岗位的专门机构，为学生有效地免费收集与提供相应的岗位，此机构所提供的岗位不仅局限在校园中，同时要充分地利用学校自身的力量与社会影响为学生在社会上安排适宜的工作，切实拓展勤工助学的范畴。

(十) 构建“组织育人”体系，加快贫困大学生融入集体

一是丰富社团活动，为贫困生营造健康生活、快乐学习的环境。对于民族院校来说，社团也是一个非常重要的构成部分，而且在学校发挥着至关重要的作用，这些社团都是学生自发组织的。所以，要鼓励贫困大学生积极地参加社团，或者鼓励他们自觉地组织社团，以此来提高他们的社会交往能力，给他们营造一个良好的学习以及活动氛围，引导他们积极地战胜挫折和困难，提高他们的心理调节能力。这些活动有助于缓解贫困大学生出现封闭心理或者负面情绪的现象。与此同时，高校也要加强对宿舍以及班级环境的建设，把学生团体的作用充分发挥出来，让学生在丰富的集体活动中感知周围的温暖，感受人和人之间美好的情感，以及社会对他们的关爱、学校对他们的维护，消除因为贫困而产生的负面情绪或者相关心理状态。(汤洁，2014)

除此之外，贫困大学生自身在学习以及生活的过程中，也要重视完善自己，除了在课堂中学习知识之外，还要积极努力地去参加一些课外活动，或者走入社会去找一些兼职活动，以此来提高自己的普通话水平和语言交际能力。在就业的过程中，最为关键的因素之一就是能力。所以，贫困大学生不仅仅要重视学习专业知识，更要重视提高自身的实践能力，提高自身的社会竞争水平。学校也要定期地给贫困大学生举办一些丰富多样的活动，比如研讨会、辩论赛、音乐会等，并积极地引导贫困大学生去参加这些活动，提高他们的综合素养，增强他们的就业竞争力。要通过这些活动来培养他们的合作精神，增强

他们的团队意识，引导他们形成自尊、自信且自强的人格。

最后，学校工作者在组织并管理活动的同时，也要加强对贫困生的鼓励和支持，让这些学生能够通过丰富多样的活动来提高自信心，消除和他人交往的恐惧感，充分感受到学习和生活的乐趣，减少其生活压力。

二是利用高校的党团组织，营造良好的校园氛围。高等院校的党团组织为贫困大学生积极广泛地开展思想教育活动提供了重要的载体，学校要以大学生的党团支部与社团以及志愿者的力量为依托，在校园中举办各种类型的以倡导节约、诚信及感恩为主题的活动，加大宣传优良传统的力度，激励贫困大学生艰苦奋斗；开展丰富多彩的课外活动，打造积极健康的校园文化环境。积极开展社会实践与各种类型的公益性活动，增强贫困大学生对于社会方面的认知，提高其人际交往的能力，增强责任感，全方位地提高大学生的素质，使其人格得以健全与完善。(刘晓琳，邢红旗，2015)

三是采取多维视角方式，营造和谐校园文化氛围。高等院校需要切实优化校园文化环境，加强文化建设，为培育德才兼备的人才奠定基础；在学生构建正确的价值观方面耳濡目染。上述影响是无形的，不能被有形的课程所取代。民族地区的高等院校要积极开展乐观向上的文娱休闲活动，使贫困生具备健康、积极、快乐的生活态度；通过解决贫困生在心理方面的问题，使校园得到健康持续发展。高等院校需要遵循以人为本的基本原则，积极主动地贯彻国家方面的政策，提高贫困生心理方面的素质，增强贫困生的责任感。

三、基于积极心理学视角的贫困大学生积极心理育人路径研究

贫困大学生需要具备积极与良好的心理方面的品质与状态，从而有效应对人生中有可能遇到的困难，降低发生心理危机事件的频率。贫困生是否具备积极的心理品质，取决于以下因素：自我认知与管理情绪的水平、心理防御的结构特点等。

(一) 引导和培养贫困大学生形成积极心理认知图式

1. 引导贫困大学生积极理性地认知贫困

要加强对贫困大学生的引导，引导他们正确地看待自我、看待社会并接纳自我和社会，学会自我反省，正确看待周围的事物，从而处理好理论和实践之间的关系。对“贫困”的认知很大程度上会影响贫困大学生的心理和行为，所以，进行教育时不仅要注重传输基本的理论知识，更要强调观念方面的教育。在课堂教学过程中，可以让学生进行小组讨论学习，通过集体辅导或者心理引导，通过举办立志成才报告会，通过多元化的方式来解读贫困的积极含义等，让他们能够正确对待自己所处的环境，摒弃不正确的想法和观念，形成积极乐观的品质。

同时，积极心理学理论针对遭遇到的负担与威胁有着积极主动的诠释；激励贫困生基于积极的角度诠释现实中遇到的各种类型的问题，进行价值方面的有效判别，采取积极认知的方法应对所发生的事情；需要改进与优化认知的模式，纠正贫困生的非理性思想。学校需加强逆境的教育，使贫困生思维得以优化且认知得以提升，在现实中树立逆境成才的楷模，增强贫困学生的理性认知。辅导员需加强对贫困生的引导，使其真正地意识到“梅花香自苦寒来”，意识到贫困同样是人生的体验，增强认知的理性，在行为上提高积极主动性，使自己的潜能得以激发出来。(王佳利，2014)

2. 掌握积极有效的评估认知策略，切实增强自我效能感

教师需要让学生深入掌握与构建客观合理的评估认知措施，为构建自我评价的借鉴标准发挥辅助性作用，使不足得以弥补，有效认知与客观评价贫困定义与发挥的作用、掌握评量行为策略的方法，采取积极心态对压力进行认知与有效的应对，使自我效能感得以增多，正确地训练学生进行准确的归因。一些贫困大学生缺乏积极的心理方面的特质，担心他人轻视自己，经常对自己赋予极低的自我评价且具备显著的自卑心理，对他人评价极其关注。心理咨询师需要采取团体干预辅导的方式，协助贫困大学生认知自己的优势且学会自我欣赏，同时相信经由自身的努力能够改变现状，获取公众的广泛认同。

3. 掌握自我激励方法

贫困大学生具备积极心理的表现形式是有效的自我激励，表明心理趋向于成熟，要树立长远的目标且心怀梦想，激励自身朝着目标前进；要认知到贫困是暂时的，要经由努力改变这种现状，要认清自己在生活与学习中的主要优势，寻求让自己意气风发与幸福的事情，为自身注入正能量。

4. 协助贫困大学生积极地规划未来

贫困大学生对未来加以有效地认知与规划的时候，应具备明确的目标以及能够落实的具体方案，能够乐观地看待贫困现象，看到将来的希望；合理地规划生活、工作及学习，缩减自己失去控制的感觉以及心理应激事件的数量。(席宏伟，罗乐，2016)

(二) 增进贫困大学生积极的情绪情感体验

在积极心理学中，分析探索的重要内容之一就是积极的情绪体验。对于任何一个个体来说，要想引导该个体形成良好的人格，最为重要的途径之一就是提高个体的积极情绪体验，调动个体的兴趣，激发个体的热情，形成良好的自我认知。一般来说，和普通学生相比较而言，贫困大学生的积极情绪体验较少，所以，对他们进行积极的心理引导具有非常重要的价值和意义。在实际工作的过程中，首先，要对这部分学生进行指导，鼓励他们进行情绪调节，合理地控制情绪，引导他们养成正确的心理状态，保持心境平和。其次，要高度重视调动他们的积极情感体验，包括自尊心、成功体验感等。

无论教师还是学生，在日常生活以及学习的工作过程中都要重视挖掘贫困大学生的优势，并且将优势放大，让他们意识到自身的优点，学会进行自我欣赏，学会接纳自己，给他们注入一定的信心和自尊心，强化他们自我奋斗的理念。要想获得积极情绪体验，还需要进行一定的行为实践活动。所以，对于班主任或者教师来说，不仅要引导贫困大学生进行正确的自我认知，同时也要引导他们去参加一些实践活动，展现他们的优势，收获积极情绪体验。(周敏，2016)

除此之外，对于学生来说，教师的鼓励以及赞扬也是提高他们积极心理和自尊心的重要途径。所以，老师要对学生进行多次鼓励和引导，以此让他们能够降低心理戒备，敞开心怀，分享观点和心声，推动学生的心理健康发展。高等学校要为学生建立良好的文化氛围，定期举办励志报告会议，引导学生在宿舍形成互帮互爱、互相理解的氛围，让学生的心理需求得以满足。可以对贫困大学生进行团体训练活动，通过这些活动，让他们充分意识到自身存在的优势，以此来给他们创造积极的体验感，提高他们的幸福指数，让他们在活动的过程中充分感受到集体的温暖，理解他人在活动过程中发挥的重要作用等。

(三) 帮助贫困大学生塑造积极良好人格与积极心理特质

积极心理学指出，心理健康意味着心理上不存在疾病，并且具备远大而适宜的理想，存在长远的抱负与追求，人格上能够做到独立健全，人际关系上能够做到和谐与稳定。要引导与教育贫困学生真正地悦纳与理解自我，树立长远的目标，感知生命的具体意义，培育积极的人生方面的态度及人格魅力，增强情绪方面积极稳定的体验，通过积极向上的人格有效地面对贫困，逾越贫困所引发的烦恼，推动自己在心理上得到健康的发展。要通过对贫困大学生进行访谈来充分了解贫困大学生的心理需要，关注学生，积极地培育心理方面的品质且深入地挖掘自身潜力；培育学生具备积极独立的人格，使其拥有坚定的意志与良好的品质，提高其自我认知的积极主动性，使其心理具备柔韧性。总之，教师要发挥重要的辅助性作用，帮助贫困大学生有效地应对各种类型的竞争。(王奕冉，2016)

首先，贫困大学生的情感与情绪不断地发展且逐步趋向稳定，但心理与生理在发展上呈现出不平衡的现象，心理由于人际关系与情感等的改变而改变，在情绪方面的主体特点是出现两极性。积极心理学即改变在认知方面的惯性，使新认知模式得以构建，需要让他们增强满足与快乐以及幸福方面的体验，能够使情绪及身心愉悦，并处在积极乐观向上的状态中，要培育学生具备积极主动的创造力。

其次，针对贫困大学生主动开展积极心理健康方面的教育，旨在协助个体有效地发现与识别已存在的优势与闪光之处，使学生意识到自身存在的优良品质与潜质，将此作为动力，积极主动地培育积极人格方面的特质：第一，榜样教育。第二，励志教育。第三，责任感教育。第四，集体感教育。要指导学生重视与体验积极事件之后的良好感觉与处在巅峰时刻的感受，培养学生具备积极行为方面的能力，为学生建构积极心理的良好氛围，指导学生具备美好的品质，发挥自身的优势作用，对美好的生活与未来充盈着希望。(章雪，2019)

最后，教师要对贫困生予以深入的理解与深切的关怀，基于情感为其心理提供有力的支持，使其潜移默化地感受到老师赋予的恩情，在内心增强感恩的责任感；感恩教育需要付诸实践上的训练，构建与完善感恩教育的长效制度，激励贫困大学生采取实质上的行动，勇敢地表达情感，采取公益与实践的方式回报社会，通过付出增强自身对于社会的使命感。

(四) 引导贫困大学生构建积极的社会支持体系和人际关系

根据积极心理学的具体内涵来看，在进行心理健康教育的同时，还要建立积极的环境支持系统，该系统能够提高个体的心理素质。完善的社会支持系统是缓解贫困大学生心理压力的有效保障。要引导学生去体验生活中的积极事物和活动，让他们通过这些活动来了解社会上的有用资源，并通过这些资源来克服他们遇到的难题和阻碍，也就是，让他们在遇到阻碍的过程中去寻求帮助，通过获得别人的帮助来克服困境。研究指出，对于贫困大学生心理健康教育要结合以下4个主体的作用——高校、家庭、学生和社会，通过发挥不同主体的作用来建立一个积极的组织系统，可以优化环境教育功能，创设平等无差别环境，营造互助互爱人际氛围。

首先，学校必须重视给学生打造良好的氛围，包括班级氛围、宿舍氛围等。师生之间要相互尊重、相互理解，建立良好的人际关系。引导学生之间进行互帮互助，同时，在学生遇到困难和阻碍的过程中，要对他们提供及时的帮助。

其次，学校要鼓励贫困大学生积极地参加社会上丰富多样的实践活动，通过这些活动来广交益友，发挥潜力，提高创新能力，和他人进行有效的沟通与交流。与此同时，学校也要发挥家长的作用，和家长之间保持紧密联系。第一，父母对子女的关爱能够帮助他们缓解心理压力。第二，学校要引导家长克服一些不正确的观念和意识，及时地掌握孩子的心理需求。在分析的过程中还要综合考虑贫困大学生的实际特征，分析他们的兴趣爱好，以此为基础来开展合适的集体活动，从而激发学生的自信心，增强他们的归属感。

最后，应帮助贫困大学生构建积极和谐的人际关系。要想改善贫困学生的心理状态，最为重要的条件之一就是构建良好的人际关系。良好的人际关系可以让他们充分感受到集体的温暖，以此来提高他们的归属感，帮助他们缓解心理压力和负面情绪。教育者也要充分意识到这一点，引导这些学生和他人进行沟通和交流，构建他们的人际网络，建立良好的人际关系，通过良好的人际关系来完善他们的人格。

(五) 开展多种积极教育提升贫困大学生的心理资本

从自我效能感、韧性、希望及乐观4个方面开展贫困大学生积极教育，促进贫困大学生积极心理资本的不断提高。

首先，针对大学生开展心理健康方面的教育活动时，要发挥积极心理资本的导向性作用；可设置心理健康课，通过相应的主渠道使学生得到深入的影响与有针对性的教育；同时要以其资本作为核心，通过心理中心、宿舍、校、班使心理健康教育网产生，针对学生在心理上开展积极的帮扶活动；将其资本作为有效衡量的重要标准，针对大学生在心理健康方面开展教育活动，激励他们积极地参与有关心理方面的活动，主动参与公益活动，积累丰富的生活经验，增强在心理资本方面的自我效能感。(石艳华，王仕龙，2017)

其次，以学生为本开展差异化的心理资本援助工作。导致大学生贫困的原因是多种多样的，其成长的环境复杂而错综，表明其积极心理资本的需求及能力存在显著的差异。需要培育贫困大学生面对问题时具备积极乐观的归因模式，协助其在情绪上增强乐观与自信的体验与互动；使大学生化贫困现象的消极为积极的驱动力，与生活及学习的环境相适应，准确地认识自我的巨大价值；培育贫困大学生具备积极的心态且对未来充满希望，协助大学生有效地调节与控制消极与悲观的心态，学会直面贫困与有效地应对挑战。

再次，要构筑合理有效、科学化的家教模式。贫困大学生的心理资本能力密切地关联着自身经济的贫困原因，所以需要具备科学化的教养模式。虽然贫困，但父母要对学生赋予爱与支持以及激励，使学生感受到温暖与幸运，增强面对贫困现象的信心，并且提高遭遇挫折之后恢复活力的能力，同时有效地运用积极心态直面与融合竞争日趋激烈的社会环境。(石艳华，2015)

最后，针对贫困大学生构建与健全助学支撑体系，为提高其心理资本提供支持；对学生要最大限度地予以经济方面的资助；教育学生，使其增强自我效能感，且拥有健康乐观的心态，积极推动学生塑造人格特质的进程。

附　　录

贵州省少数民族地区大学生社会心理状况调查问卷

亲爱的同学：

您好！首先感谢您参与我们的问卷调查。我们的调查旨在了解贵州省少数民族地区大学生的社会心理发展状况，您的回答只作为科研资料，不会作为他用。调查是匿名的，绝对不会泄露您的个人信息，请放心作答。

1. 题目没有对错之分，请根据自己的实际情况作答即可。
2. 每道题不需要太多时间考虑，根据您的第一反应回答就可以。
3. 请先填写基本信息，阅读各部分说明，然后作答。

一、基本信息

填写方法：请填写您的基本信息，在选项上画“√”或在空白处填写答案。

1. 性别：　① 男　② 女
2. 年龄：________岁
3. 民族：　① 少数民族　② 汉族
4. 生源地：　① 农村　② 城市
5. 年级：　① 大一　② 大二　③ 大三　④ 大四
6. 家庭人口：① 3人　② 4～5人　③ 5人以上
7. 所学专业：① 文科　② 理工科
8. 学历：　① 本科　② 专科

二、正式调查

Ⅰ. 以下是一些关于大学生自我评价的陈述，您可能同意或不同意，请根据下面的陈述符合您情况的程度，在题后给出的5种答案中进行选择，并在相应的数字上画“√”。

自我评价陈述	完全不同意	比较不同意	不能确定	比较同意	完全同意
1. 我相信自己在生活中能获得成功	1	2	3	4	5
2. 我经常感到情绪低落	1	2	3	4	5
3. 失败时，我感觉自己很没用	1	2	3	4	5
4. 我能成功地完成各项任务	1	2	3	4	5
5. 我觉得自己对工作(学习)没有把握	1	2	3	4	5
6. 总的来说，我对自己满意	1	2	3	4	5
7. 我怀疑自己的能力	1	2	3	4	5
8. 我觉得自己对事业上的成功没有把握	1	2	3	4	5
9. 我有能力处理好自己的大多数问题	1	2	3	4	5
10. 很多事情我都觉得很糟糕、没有希望	1	2	3	4	5

Ⅱ. 下面将要进行的是有关大学生心理压力方面的一个问卷调查。请您根据自己的真实感受，如实填写此问卷。希望您认真阅读每一项，选择与您实际情况最符合或接近的答案，在相应的数字上画“√”。1表示没有，2表示很轻，3表示一般，4表示较强，5表示很强。

压力感受	1 没有	2 很轻	3 一般	4 较强	5 很强
1. 因他人才貌双全、家境优越而感到自卑和不平衡					
2. 看到别人因家境原因而获得优厚待遇，埋怨自己命不好					
3. 感到自己心理方面有问题					
4. 体弱多病没有精力做事，感觉不公平					
5. 异地求学水土不服，感到身心疲惫					
6. 因与恋人分手而感到很受打击					
7. 为自己不能像别人那样健康快乐地生活而深感痛苦					
8. 因家庭不和而不愿意回家					
9. 因长期头痛、失眠而痛苦不堪					
10. 因自己的生理缺陷而感到不公平					
11. 竞选班干部职位失败，深受打击					

(续表)

压力感受	1 没有	2 很轻	3 一般	4 较强	5 很强
12. 因被同学告状，受到老师训责，深感人心叵测					
13. 因处理不好同学关系而感到郁闷、情绪低落					
14. 感觉人世间所有的不幸都发生在了自己的身上					
15. 因害怕得上与别人同样的病而寝食难安					
16. 因自己过于肥胖而感到自卑					
17. 因家庭贫困，花钱时感到内心沉重					
18. 因迷恋某个男(女)孩而不能自拔					
19. 未能实现设定的生活目标(如入党、评优、评奖、入学生会等)感到深受打击					
20. 与异性同学交往常常感到局促不安					
21. 因不能像其他人一样拥有一个完整的家而深感痛苦					
22. 因离家在外，而感到很孤独和无助					
23. 因爱的人离自己而去而万念俱灰					
24. 患有消化系统的慢性疾病，而在生活中处处谨慎小心					
25. 生活条件太差，总是感觉难以接受这一现实					
26. 普通话不好，很难与同学沟通，倍感孤独					
27. 想爱不敢爱，感到内心非常矛盾					
28. 因求爱不成，感到无地自容					
29. 因受别人的欺侮和凌辱而愤怒不已					
30. 受到城市同学的歧视，感到愤怒和自卑					
31. 由于违反校规，受到严厉惩罚，追悔莫及					
32. 因别人穿着漂亮而自己没有，感到自卑和不平衡					
33. 为同寝室同学的自我中心行为而感到气恼					
34. 本校毕业生工作一向不好，深感前途未卜					
35. 与别人相比感到自己能力不足，以致对未来失去信心					
36. 现实中的大学与理想中的大学相差太远，感到很失落					
37. 很难融入新的班集体，感到很孤单					
38. 因处理不好恋人之间的关系而烦恼不已					
39. 因没有知心朋友而感到心里话无处诉说					
40. 学习成绩不理想，不知毕业时该怎么办					
41. 别人的言行对自己的情绪影响很大					
42. 难以适应大学老师的讲课风格，觉得没意思					
43. 因老师水平低、授课质量差而感到十分厌倦					

(续表)

压力感受	1 没有	2 很轻	3 一般	4 较强	5 很强
44. 对毕业后自己能干什么，将做什么工作，感到很迷茫					
45. 在与人交往的过程中数次被骗，而害怕与人交往					
46. 对所学专业不看好，对毕业分配很苦恼					
47. 所在学校名气不大，影响力小，感到没前途					
48. 因被同学愚弄而耿耿于怀					
49. 所在学校学习氛围太差，感到难以致力于学习					
50. 长时间感觉自己情绪低落					
51. 没能考取自己理想的分数而感到自己很无能					
52. 对大学中的不公平现象感到难以忍受					
53. 因被同学歧视而感到很自卑					
54. 感到同学之间太缺乏温情和理解					
55. 因学校学习压力太大而感到十分焦虑					
56. 因未能得到奖学金而心理很不平衡					
57. 因现实的弊端而感到愤世嫉俗					
58. 感到情绪经常发生变化，无法自控					
59. 感到大学课程的学习很吃力					
60. 大学生活无以依赖，感到无所适从					
61. 不喜欢所学专业，却又无法改变现状而感到很无奈					
62. 课程设置太不合理，感到学习没有动力					

Ⅲ.以下由16个问题组成，每个问题下面都有一个划分为10个刻度的标尺，请逐条在您认为适当的位置上以“√”号在0～10数字上标记(每题只能画一个√)。

1. 您对未来乐观吗？

非常不乐观	0	1	2	3	4	5	6	7	8	9	10	非常乐观

2. 您对目前的生活状况满意吗？

非常不满意	0	1	2	3	4	5	6	7	8	9	10	非常满意

3. 您对自己有信心吗？

根本没信心	0	1	2	3	4	5	6	7	8	9	10	非常有信心

4. 您对自己的日常生活环境感到安全吗？

非常不安全	0	1	2	3	4	5	6	7	8	9	10	非常安全

5. 您有幸福的感觉吗？

从来没有	0	1	2	3	4	5	6	7	8	9	10	一直有

6. 您感到精神紧张吗？

根本不紧张	0	1	2	3	4	5	6	7	8	9	10	非常紧张

7. 您感到心情不好、情绪低落吗？

从来没有	0	1	2	3	4	5	6	7	8	9	10	一直有

8. 您会毫无理由地感到害怕吗？

从来没有	0	1	2	3	4	5	6	7	8	9	10	一直有

9. 您对做过的事情经反复确认才放心吗？

从来没有	0	1	2	3	4	5	6	7	8	9	10	一直有

10. 与别人在一起，您也感到孤独吗？

从来没有	0	1	2	3	4	5	6	7	8	9	10	一直有

11. 您感到坐立不安、心神不定吗？

从来没有	0	1	2	3	4	5	6	7	8	9	10	一直有

12. 您感到空虚无聊或活着没有什么意义吗？

从来没有	0	1	2	3	4	5	6	7	8	9	10	一直有

13. 您的记忆力怎么样？

非常差	0	1	2	3	4	5	6	7	8	9	10	非常好

14. 您容易集中精力去做一件事吗？

非常不容易	0	1	2	3	4	5	6	7	8	9	10	非常容易

15. 您思考问题或处理问题的能力怎么样？

非常差	0	1	2	3	4	5	6	7	8	9	10	非常好

16. 从总体上来看，您认为自己的心理健康状况如何？

非常差	0	1	2	3	4	5	6	7	8	9	10	非常好

Ⅳ.下面的问题用于反映您在社会中所获得的支持，请按各个问题的具体要求，根据您的实际情况填写。

1. 您有多少关系密切，可以得到支持和帮助的朋友？(只选一项)

(1) 1个也没有　　(2) 1～2个

(3) 3～5个　　(4) 6个或6个以上

2. 近一年来您：(只选一项)

	无	极少	一般	全力支持
A. 夫妻 (恋人)				
B. 父母				
C. 儿女				
D. 兄弟姐妹				
E. 其他成员 (如嫂子)				

3. 过去，在您遇到急难情况时，曾经得到的经济支持或解决实际问题的帮助的来源有：

(1) 无任何来源

(2) 有相应来源：(可选多项)

A. 配偶　　B. 其他家人　　C. 朋友

D. 亲戚　　E. 同事　　F. 工作单位

G. 党团工会等官方或半官方组织

H. 宗教、社会团体等非官方组织

I. 其他(请列出)

4. 过去，在您遇到急难情况时，曾经得到的安慰和关心的来源有：

(1) 无任何来源

(2) 有相应来源：(可选多项)

A. 配偶　　B. 其他家人　　C. 朋友

D. 亲戚　　E. 同事　　F. 工作单位

G. 党团工会等官方或半官方组织

H. 宗教、社会团体等非官方组织

I. 其他(请列出)

5. 您遇到烦恼时的倾诉方式：(只选一项)

(1) 从不向任何人倾诉

(2) 只向关系极为密切的1～2个人倾诉

(3) 如果朋友主动询问会说出来

(4) 主动倾诉自己的烦恼，以获得支持和理解

6. 您遇到烦恼时的求助方式：(只选一项)

(1) 只靠自己，不接受别人帮助

(2) 很少请求别人帮助

(3) 有时请求别人帮助

(4) 有困难时经常向家人、亲友、组织求援

7. 对于团体(如党团组织、宗教组织、工会、学生会等)组织活动，您：(只选一项)

(1) 从不参加　　(2) 偶尔参加

(3) 经常参加　　(4) 主动参加并积极活动

参 考 文 献

[1] 褚远辉，杨红梅. 民族地区高校贫困大学生心理健康状况: 调查与对策[J]. 大理学院学报，2006，5(11): 76-80.

[2] 梅慧娣. 高校少数民族贫困生现状及对策分析——以丽水学院为例[J]. 长春教育学院学报，2012，28(2): 88-89.

[3] 寸晓红，李宁. 对边疆少数民族地区高校贫困大学生的社会支持及干预调查[J]. 今日民族，2011(4): 54-56.

[4] 张海清. 精神与物质视野下的边疆少数民族贫困大学生解困策略[J]. 思想战线，2008(S4): 116-118.

[5] 胡发稳，宗岚，李丽菊. 滇南边疆民族地区贫困生心理健康状况分析[J]. 红河学院学报，2006，4(1): 83-88.

[6] 刘寿，张发斌，王玉梅，等. 青海藏族医学贫困大学生心理健康状况调查[J]. 中国学校卫生，2008，29(8): 727-728.

[7] 朱远来，冉建平. 高校少数民族贫困大学生心理健康及社会支持状况的调查与对策研究[J]. 伊犁师范学院学报(社科版)，2009(3): 133-137.

[8] 张发斌，谭鹏，王三环，等. 青海省少数民族贫困大学生心理健康状况调查[J]. 中国卫生工程学，2008，7(3): 159-161.

[9] 陈嵘，秦竹，杨玉芹，等. 云南少数民族贫困大学生心理健康状况与人格特征的调查分析[J]. 中国健康心理学杂志，2008，16(9): 986-987.

[10] 何瑾，樊富珉. 西部贫困大学生心理健康状况与教育对策研究[J]. 清华大学教育研究，2007(2): 79-84，112.

[11] 胡发稳，李丽菊，李锐，等. 边疆地区少数民族贫困生心理健康与人格特点分析[J]. 中国健康心理学杂志，2006，14(3): 261-263.

[12] 朱远来. 新疆高校少数民族贫困生心理健康状况的调查分析[J]. 新疆大学学报(哲学・人文社会科学版)，2008，36(4): 92-96.

[13] 肖元. 贵州省少数民族贫困大学生心理健康及其个性的研究[J]. 中国校外教育(基教

版)，2009(12): 856，880.

[14] 王玉琴，刘健. 南疆少数民族贫困大学生心理健康状况与应对方式研究[J]. 健康研究，2013，33(3): 238-240.

[15] 李锐. 云南少数民族地区贫困大学生心理健康的相关研究[J]. 中国健康心理学杂志，2008，16(4): 385-387.

[16] 程科，黄希庭. 健全人格取向的大学生心理健康结构初探[J]. 心理科学，2009(03): 514-516.

[17] 钟杰，李波，钱铭怡. 大学生羞耻感、人格与心理健康的结构模型初步研究[J]. 中国心理卫生杂志，2003(01): 31-35.

[18] 娄文婧，李义安. 人格特点影响大学生应对方式与心理健康的路径分析[J]. 中国学校卫生，2009(02): 137-138.

[19] 顾寿全，奚晓岚，程灶火，等. 大学生大五人格与心理健康的关系[J]. 中国临床心理学杂志，2014(02): 354-356.

[20] 舒巨伟，杨秀芝，张玉文，等. 对云南少数民族贫困地区大学生自卑心理透析[J]. 福建体育科技，1999(01): 72-73.

[21] 梅慧娣. 少数民族贫困大学生的心理分析与对策研究[J]. 大家，2012(14): 91-92.

[22] 马振彪. 少数民族贫困大学生的心理问题及教育对策[J]. 社会心理科学，2006(06): 57-58.

[23] 李艳萍. 少数民族贫困大学生的“心理贫困”与对策研究[J]. 学理论，2010(22): 83-84.

[24] 周华. 贵州少数民族贫困大学生自信心培养及思政教育[J]. 贵州民族研究，2012(04): 160-162.

[25] 郭怡梅. 增强云南少数民族贫困大学生自信心的思考[J]. 中国科技信息，2007(17): 262，264.

[26] 李锐，马会梅，潘莹. 云南少数民族地区贫困大学生自我和谐状况调查[J]. 中国学校卫生，2010，31(7): 855-856.

[27] 赵路. 少数民族贫困大学生的自我认同[J]. 教育评论，2014(07): 72-74.

[28] 周琬馨，罗雁龙，胡椿. 少数民族贫困大学生社会支持特点调查报告——以大理学院为例[J]. 网友世界，2012(5): 62-64.

[29] 朱远来，王永红，阿布扎力. 高校少数民族贫困生社会支持和应对方式与心理健康相关研究[J]. 新疆大学学报(哲学·人文社会科学版)，2011，39(5): 76-80.

[30] 朱远来，马凯. 高校少数民族贫困生心理健康状况与应对方式的调查分析[J]. 伊犁师范学院学报(社科版)，2010(4): 109-112.

[31] 周琬馨，罗雁龙，胡椿. 少数民族贫困大学生生活事件特点调查报告——以大理学院为例[J]. 中国证券期货，2012(06): 289.

[32] 周正红，周生江，张桂青. 新疆地区贫困大学生心理应激状况分析[J]. 中国学校卫生，2010，31(2)：176-178.

[33] 任胜洪，张国强. 贵州少数民族贫困女大学生心理适应状况与教育对策研究[J]. 贵州民族学院学报(哲学社会科学版)，2005(5): 145-148.

[34] 杨光，时遂营. 少数民族贫困大学生社会适应能力现状与需求调查——以玉溪师范学院为例[J]. 玉溪师范学院学报，2013，29(1): 61-66.

[35] 樊俊. 建立高校少数民族贫困生心理扶贫机制的思考[J]. 湖北社会科学，2004(7): 120-121.

[36] 辉进宇，褚远辉. 云南省边疆民族地区贫困大学生就业思想的现状与对策[J]. 中国大学生就业，2014(10): 40-43.

[37] 赵坚. 加强少数民族贫困大学生"软实力"探析——少数民族贫困大学生精神资助研究[J]. 传承(学术理论版)，2012(7): 62-63.

[38] 汪淑娟，高昆. 提高少数民族地区贫困大学生人际交往能力的方法和途径[J]. 考试周刊，2010(3): 209-210.

[39] 梅慧娣. 少数民族贫困大学生主观幸福感影响因子及其提升策略[J]. 丽水学院学报，2012，34(3): 92-95.

[40] 陈磊，何云凤，夏星星. 高校贫困生积极心理品质发展现状及教育对策研究[J]. 中国特殊教育，2011，19(10): 87-91，86.

[41] 孔宪福. 贫困大学生的心理困惑与心理援助策略——孟万金教授"积极心理健康教育"实践价值新探[J]. 中国特殊教育，2010(9): 74-77.

[42] 章雪，昌晓莉. 积极心理学视域下贫困大学生心理健康教育: 反思及改进[J]. 江苏高教，2019(05): 119-124.

[43] 黄慧. 课堂参与对贫困大学生心理健康状况的影响研究[J]. 教育理论与实践，2019，39(03): 18-20.

[44] 石艳华，王仕龙. 贫困大学生的积极心理资本状况及提升策略[J]. 学校党建与思想教育，2017(01): 82-83.

[45] 吴晟志. 民族地区高校贫困大学生心理援助对策研究[J]. 中国成人教育，2016(20): 92-93.

[46] 王海明，邵晶. 当前贫困女大学生的就业心理障碍及调适[J]. 教育与职业，2016(17): 80-82.

[47] 席宏伟，罗乐. 团体辅导提升贫困大学生心理弹性研究[J]. 学校党建与思想教育，2016(06): 90-92.

[48] 石艳华. 贫困大学生的心理资本状况及提升对策[J]. 学校党建与思想教育，2015(09): 78-79.

[49] 刘春蕾. 贫困大学生心理贫困及解困措施探析[J]. 教育与职业，2015(06): 101-102.

[50] 汤洁. 当前民族高校贫困大学生的心理困境及辅导对策[J]. 民族教育研究，2014，25(05): 37-40.

[51] 王佳利. 积极心理学视角下贫困大学生心理健康教育的探讨[J]. 教育探索，2014(04): 141-142.

[52] 沈茹. 贫困大学生创业心理障碍及干预[J]. 教育与职业，2013(17): 81-82.

[53] 张可，杨萌. 谈贫困大学生健康人格的塑造[J]. 中国成人教育，2012(18): 72-74.

[54] 陈爱娟. 当代贫困大学生的就业心理问题及对策[J]. 华东经济管理，2012，26(08): 100-101.

[55] 王奕冉. 积极团体心理辅导对贫困大学生就业能力和心理韧性的干预效果[J]. 教育与职业，2016(18): 103-105.

[56] 钟海文. 关于社会支持视角下高职院校贫困生心理脱贫路径研究[J]. 中国多媒体与网络教学学报(中旬刊)，2020，(10): 238-241.

[57] 刘莉莉. 社会实践对促进大学生心理健康的作用研究[J]. 太原城市职业技术学院学报，2016，(03): 78-79.